本成果受到中国人民大学2021年度“中央高校建设世界一流大学（学科）和特色发展引导专项资金”支持

政府支出乘数研究：理论与实践

张 文 著

中国财经出版传媒集团

经济科学出版社
Economic Science Press

图书在版编目（CIP）数据

政府支出乘数研究：理论与实践/张文著．—北京：经济科学出版社，2021.5
ISBN 978-7-5218-2547-3

Ⅰ．①政…　Ⅱ．①张…　Ⅲ．①财政支出-经济效率-研究-中国　Ⅳ．①F812.45

中国版本图书馆 CIP 数据核字（2021）第 082599 号

责任编辑：于海汛　李　林
责任校对：徐　昕
责任印制：范　艳　张佳裕

政府支出乘数研究：理论与实践
张　文　著
经济科学出版社出版、发行　新华书店经销
社址：北京市海淀区阜成路甲 28 号　邮编：100142
总编部电话：010-88191217　发行部电话：010-88191522
网址：www.esp.com.cn
电子邮箱：esp@esp.com.cn
天猫网店：经济科学出版社旗舰店
网址：http://jjkxcbs.tmall.com
北京季蜂印刷有限公司印装
710×1000　16 开　9.25 印张　180000 字
2021 年 5 月第 1 版　2021 年 5 月第 1 次印刷
ISBN 978-7-5218-2547-3　定价：46.00 元
（图书出现印装问题，本社负责调换。电话：010-88191510）

目录

contents

第 1 章

引　　言

1.1 本书的写作背景

财政政策的效果及传导机制一直是宏观经济学研究的重要课题。自2008 年全球金融危机后，随着世界主要经济体的货币政策相继触及零下限，估计政府支出乘数、探究其决定因素重新成为研究热点。2008 年底推出的“四万亿”刺激计划不仅帮助中国迅速走出金融危机阴影，也对全球经济产生重大影响，引发国内外学术界对中国财政政策的广泛讨论。党的十八届三中全会提出，财政是国家治理的基础和重要支柱。随着中国经济步入“新常态”，对国家治理体系和治理能力的现代化需求更加迫切，学术界也愈发关注中国财政政策的效果及其传导机制。

政府支出乘数是衡量财政政策效果的关键指标：如果政府支出乘数大于1，那么增加政府支出会通过带动（“挤入”）私人部门的经济活动来拉动经济，同时还意味着财政收入增加，能够避免财政扩张导致的债务积累；如果政府支出乘数小于 1 但大于 0，政府支出虽然可以拉动经济增长，但会挤出部分私人经济活动；如果政府支出乘数小于 0，由于挤出效应过于强烈，财政扩张反而会引起经济活动收缩。

金融危机之后的政府支出乘数研究在思路和方法上都取得了显著突破。一方面，实证研究发现国家层面的政府支出乘数不是一成不变的常数，而会随着经济状态发生改变。另一方面，实证研究利用了丰富的面板数据估计地方政府支出乘数，不仅提高了估计的准确性，还能更加深入地探究政府支出乘数的决定因素，厘清财政政策的作用机制。财政支出乘数的理论研究也取得了新进展。主流理论模型纳入了金融摩擦、个体异质性等更加贴近现实的假设，对财政支出扩张的作用机理和影响有了更深入的理解。这些新进展对于研究中国财政政策具有重要的借鉴意义。但是，由于经济结构和政治体制存在较大差异，国外财政研究的结果不能直接用来评估中国财政政策效果和作用机制，距离提供可靠的政策建议仍有一定距离。

本书在系统梳理国内外关于政府支出乘数研究前沿进展的基础上，从中国经济和制度的特点出发，利用先进的计量方法和丰富的数据集，估计中国国家和地方层面的政府支出乘数，探究中国特色因素在财政政策传导机制中扮演的角色。通过比较中国乘数与重要文献中结果的差异，评估中国政府支出效率，理解其决定因素，并为财政政策加力提效提供可能的改进思路。

本书具有一定的学术和政策价值。学术方面，中国改革开放以来经历了一系列市场化改革，经济结构、政策框架和治理体系都发生了重大变化。在此过程中，财政政策的传导机制和实施效果都可能发生了明显改变。现有研究在评估中国扩张性财政政策时，对其效果和传导机制的时变特征考虑相对不足。此外，在中国特色社会主义市场经济体制下，财政政策的制定和实施受到中国特色因素的影响，比如自上而下的官员选拔机制带来的地方官员“晋升锦标赛”，以及分税制改革后地方财力和事权不匹配导致的土地财政等现象。学术文献研究了这些中国特色因素对中国经济的增长和波动的重要影响，但对其如何影响财政政策的效果研究较少。本书在梳理文献的基础上，主要关注中国政府支出乘数的时变特征以及中国特色因素对其影响，填补了重要的学术空白。

政策方面，随着中国宏观调控政策框架日益成熟，每当经济下行压力加大时，政府都会推出各种形式的财政刺激。从结果上看，中国经济多次成功避免了硬着陆。但由于缺乏科学严谨的评估，难以判断财政刺激实际效果如何、是否有进一步改进的空间。近年来，中美经贸摩擦升级、新冠肺炎疫情暴发，中国经济面临新的下行压力。中央经济工作会议和政府工作报告多次强调，财政政策要“加力提效”。本书深入研究中国财政政策的效果和作用机制，有助于提出更有针对性的财政改革方案，提高财政支出的效率。

1.2　本书的贡献

本书主要有以下五点贡献：

第一，系统梳理了国内外研究政府支出效率的理论和实证文献。随着金融危机之后学术界重新聚焦财政政策，近十年涌现了一批关于政府支出乘数的研究。针对这些成果，最新的高质量综述性文献拉米（Ramey，2019）、乔多罗·赖希（Chodorow－Reich，2019）和拉米（Ramey，2020）分别总结了国家层面政府支出乘数、地方层面政府支出乘数和政府基础设施投资乘数的研究进展。以上三篇综述提及的文献，大部分都以美国经济为研究对象，少量涉及欧洲，没有提及关于中国的研究。针对这个缺点，本书在回顾文献时，主要总结对研究中国政府支出乘数有启示意义的前沿研究成果，并与中国政府支出乘数的研究进展进行对比。同时，结合中国特色因素，讨论潜在的研究方向。

第二，简要总结1949年以来中国财税制度的演进历史，并系统介绍对财政政策传导机制有潜在影响的中国特色因素。这些因素主要包括地方政府收入来源、基础设施投资在宏观调控中的角色及其资金来源、财政政策与金融系统和货币政策的关系，以及中国特色的区域分权专制制度。在回顾新中国财税制度史的过程中，本书着重讨论上述四个中国特色因素如何影响财政政策的效果和传播渠道。

第三，利用先进的计量分析方法估计中国国家层面政府支出对产出的乘数，并结合中国财税体制和经济结构转型的背景对政府支出的时变特征进行解读。在此基础上，估计政府支出乘数的状态依赖特征，并分析其状态依赖特征是否随时间发生变化。通过估计GDP分项及其他重要经济变量的时变政府支出乘数，讨论中国政府支出传导机制如何随时间发生变化。

第四，利用省级和地级市数据估计地方政府支出的产出乘数，并对二者差异进行解释。在此基础上，分析地方政府支出乘数的状态依赖特征，并利用省级数据时间跨度长的特点分析分税制改革对于地方政府支出乘数及其周期性的影响。通过分析地方投资和信贷的政府支出乘数理解地方金融分权与财政分权的关系以及二者互动对政府支出乘数的影响。

第五，结合当前国际和国内的政治经济形势，本书对目前中国财政政策的效率进行评估，并分析“双循环”新发展战略下，中国财政改革的目标。

1.3 本书的内容组织结构

第 2 章和第 3 章系统地回顾了国内外关于政府支出乘数的理论和实证研究。在梳理重要文献的过程中，本书对 2008 年以前的文献仅作简要总结，主要篇幅用于介绍全球金融危机之后的研究进展，并结合中国经济特征，讨论现有文献对研究中国政府支出乘数的启示，以及潜在的研究方向，为第 5、第 6 章介绍中国政府支出乘数的实证研究提供必要的背景信息。

第 4 章介绍对中国财政支出效率有重要潜在影响的经济、政策和制度背景。本章首先简要回顾新中国成立以来的财税制度演进史，着重讨论 1994 年的分税制改革。分税制改革是新中国成立以来财税制度的一次根本性变革，对政府间财政关系以及财政政策的传导机制带来深远的影响。其后，本章选取对中国政府支出效率有重要影响的五个中国特色因素进行较为深入的讨论，包括货币和信贷政策、区域分权专制制度、基础设施建设投资、地方政府的收入来源以及中小银行与地方政府的关系。中国货币政策缺乏独立性，地方信贷政策则与地方财政高度相关。在区域分权下，地方官员在制定经济政策方面有很高的自主权，在政治晋升压力下，有动力推动地方经济增长，基础设施建设投资是他们拉动经济增长的重要方式。然而，地方财政收入通常远不足以支持大规模的基建投资。因此，地方政府需要依赖土地出让金等预算外收入，以及银行信贷来弥补资金缺口。地方政府与当地城商行、农商行等中小银行在历史沿革、股权结构、组织人事等方面有千丝万缕的联系。地方政府向中小银行拆借资金，使财政和金融成为“连裆裤”。这些中国特色因素决定了中国财政政策的传导机制具有独特之处。

第 5 章介绍了基于 1978 ~ 2016 年的数据，利用区制转换向量自回归模型估计中国国家层面政府支出乘数的结果。本章系统展示了中国政府支出乘数如何随时间发生变化，以及在不同区制下，政府支出乘数的周期性特征如何变化。此外，本章基于对 GDP 分项的政府支出时变乘数的估计，深入分析中国政府支出冲击对经济产生影响的机制，并与文献对比，总结中国政府支出政策传导机制的特征。

第 6 章展示基于中国省级和地级市数据估计的地方政府支出的产出、投资和信贷乘数，并分析其周期性特点以及分税制改革的影响。结合第 4 章提供的背景信息对结果进行解读，深入分析中国特色因素在中国财政政策传导机制中扮演的角色。

第 7 章作为全书的总结，结合第 5、第 6 两章的实证结果对当前中国政府支出效率进行评估。2020 年初，新冠肺炎疫情导致全球经济陷入深度衰退，主要发达国家纷纷推出力度空前的财政和货币救助政策，本节以此为背景，对新冠肺炎疫情暴发以后的财政货币政策关系以及二者从相对独立转为密切配合对通胀的影响进行讨论。得益于及时有效的疫情防控，中国率先实现经济正增长。但是，全球疫情持续蔓延，逆全球化势头有增无减，我国面临的外部挑战持续增多。在此背景下，中央提出“深化供给侧结构性改革，充分发挥我国超大规模市场优势和内需潜力，构建以国内大循环为主体、国内国际双循环相互促进的新发展格局”。本节为“双循环”背景下中国财政政策如何加力提效提供了可能的思路。

第 2 章

理论研究

2.1 简　　介

本章简要介绍国内外关于政府支出乘数的主要理论研究进展，并结合中国财政政策的特征，讨论现有理论和可能存在的疏漏。

2.2 国家层面政府支出乘数

1. 新古典模型

在新古典模型中，政府支出的效果主要受到财富效应、跨期替代效应和政府支出的融资方式的影响。

（1）财富效应渠道：政府支出增加减少居民的可支配收入，产生负面的财富效应，对居民消费有挤出作用。如果劳动和资本灵活可变，负面的财富效应可以推升劳动供给，足够持续的政府支出冲击可以挤入投资，促进资本积累。

（2）跨期替代渠道：政府支出增加使得经济体中可贷资金的供给相对需求下降，推高实际利率，对消费和投资需求有抑制作用。

（3）政府支出的融资方式：政府可以通过发债为支出融资，也可以通过加税为支出融资，前者会提高预算赤字，后者则维持预算平衡。加税的方式多种多样，可以加征一次性的从量税（lump-sum tax），也可以提高边际税率。不同融资方式下，政府支出乘数有天壤之别。百特和金（Baxter and King，1993）的理论分析表明，如果政府支出是暂时性增加，且通过调高边际税率来保持预算平衡，政府支出乘数会很低，最低甚至可以低达 -2.5；如果政府通过增加财政赤字为暂时性的支出增加融资，政府支出乘数会大于 0，但还是显著低于 1；如果政府支出是永久性增加，且通过征收从量税来实现预算平衡，政府支出乘数会进一步上升，虽然短期仍然低于 1，但长期可高达 1.2。

因此，在新古典模型中，政府支出乘数可正可负，也可能高于或低于 1，取决于政府支出冲击的持续性，以及税率变动幅度和持续时间。

2. 新凯恩斯模型

传统的凯恩斯主义模型中，增加的政府支出会转化为居民的收入，进而根据居民的边际消费倾向（MPC）转化为消费，消费增长又会转化为新的居民收入，以此类推，直到总需求等于总产出时达到均衡。模型中的政府支出乘数为 $1/(1-MPC)$。因此，只要边际消费倾向在 0 到 1 之间，政府支出乘数总是大于 1。

这种分析忽略了政府支出增加对实际利率的推升作用。考虑实际利率的变化后，加里、洛佩斯·萨利多和瓦莱（Galií，Loópez - Salido and Valleés，2007）、柯根、科维克、泰勒和维兰德（Cogan，Cwik，Taylor and Wieland，2010）发现，新凯恩斯模型中政府支出乘数比传统凯恩斯模型中的乘数要小得多。这是因为，新凯恩斯模型只是在新古典模型的基础上增加了黏性价格假设，新古典模型中压低政府支出乘数的机制依然存在，削弱了黏性价格的影响。加里、洛佩斯·萨利多和瓦莱（2007）指出，如果新凯恩斯模型满足下列两个条件，政府支出乘数可高达 2。第一，按照“拇指规则”（rule-of-thumb），即根据当期收入的固定比例进行消费的居民占比不低于 50%；第二，居民劳动时间完全由厂商的需求决定。但是，满足以上这两个条件时，新凯恩斯模型实际上已经基本变成了传统的凯恩斯主义模型。

2008 年金融危机后，以艾格森（Eggertsson，2010）、克里斯蒂亚诺（Christiano）、艾兴鲍姆和李贝罗（Eichenbaum and Rebelo，2011）和伍德福德（Woodford，2011）为代表的研究表明，在新凯恩斯模型中，当货币政策面临零下限约束时，政府支出乘数往往较高。背后的原因是，政府支出增加会提高通胀预期，而当名义利率保持在零下限时，实际利率会随着通胀预期的上升而下降，从而进一步提振总需求。克里斯蒂亚诺、艾兴鲍姆和李贝罗（2011）的模型校准结果显示，如果政府支出增加后三年内名义利率始终保持为零，政府支出乘数可高达2.3。

政府支出乘数在货币政策零下限时远高于其他时期，是否意味着增加政府支出是应对流动性陷阱最有效的方式呢？有学者的研究给出的答案是否定的。尔赛格和林德（Erceg and Linde，2014）证明，在简单的新凯恩斯DSGE模型（例如Woodford，2011）中，若零下限持续时间是外生给定的，不受政府支出乘数影响，那么政府零下限持续时间越长，政府支出乘数越高。但是，当模型考虑到高政府支出会缩短货币政策受到零下限制约的时间，政府支出乘数在利率零下限时就不一定比其他时期更高。因此，即使面对流动性陷阱，政府支出规模也不是越大越好。直觉上说，随着规模扩大，政府支出的边际效率递减，不仅提振产出的能力减弱，还会导致主权债务累积。梅腾斯和雷文（Mertens and Ravn，2014）则强调，如果导致经济陷入流动性陷阱的原因是自我实现的信心下降冲击时，政府支出扩张非但不能提升通货膨胀率，反而会带来通缩，加剧流动性陷阱。针对政府支出冲击可能无法帮助经济逃离流动性陷阱的问题，科雷亚等（Correia et al.，2013）展示了如何用“非常规”财政政策（降低消费税、个人所得税和资本所得税，以及临时投资税收抵免政策组合）将实际利率降低到零以下，实现次优分配。

3. 异质性个体模型

近年来，柯普朗、莫尔和威奥兰特（Kaplan，Moll and Violante，2018）提出的异质性个体新凯恩斯模型（Heterogenous – Agent New Keyesian，HANK）被学界广为接受，利用HANK模型框架研究政府支出乘数成为新的热点。根据哈格多恩、马诺夫斯基和米特曼（Hagedorn，Manovskii and Mitman，2019）的分析，基于HANK模型研究政府支出乘数的优势如下。

IS – LM模型能够产生高于1的政府支出乘数依赖两方面条件：（1）产出由需求决定；（2）消费决策不服从永久收入假说，即给定政府支出暂时性的增加，消费者的边际消费倾向足够高。新凯恩斯模型中，由于假设价格黏性，可以满足条件（1）。政府支出扩张，给定价格不能及时上调，厂商需要增加供给满足新增的需求，因此就业、投资、产出以及工资和实际利率都会上升，进而带来家庭部门收入上升。然而，由于新凯恩斯模型中，家庭部门的消费服从永久收入假说，条件（2）不能满足，暂时性的财政刺激带动收入上升也是短暂的，因此对消费需求几乎无影响。而且，新凯恩斯模型中政府支出增加会导致价格、消费和投资上升，进而推高实际利率，通过一般均衡的渠道抑制总产出。因此，新凯恩斯模型中的政府支出乘数虽然为正值，但远小于1。

大量实证研究表明，新凯恩斯模型中消费决策服从永久收入假说不合理。现实中，边际消费倾向（MPC）存在显著的异质性。收入临时上升或者收到暂时性的转移支付时，消费者的反应会根据财富水平的不同呈现很大差异。针对代表性个体新凯恩斯模型的这个问题，两类代表性个体新凯恩斯模型（Two Agent New Keynesian，TANK）（例如 Bilbiie，2020）在新凯恩斯模型基础上，引入一定比例的勉强糊口（hand-to-mouth）的消费者。这类消费者边际消费倾向为1，从而能提高消费者平均的边际消费倾向。尽管如此，TANK 模型并不令人满意。即使通过校准参数得到符合实际的平均边际消费倾向，TANK 模型依然不能产生足够大的政府支出乘数，这是因为 TANK 模型内缺少丰富的冲击传播机制。

哈格多恩等（Hagedorn et al.，2019）提出的不完全市场下的 HANK 模型可以有效解决 TANK 模型的问题。HANK 模型中消费者对当前和未来预期到的收入变化都会作出反应，而 TANK 中的勉强糊口消费者仅对当前收入变化作出反应。HANK 模型中，政府支出增加导致消费者当期收入上升，同时提高消费和储蓄，增加储蓄意味着未来收入上升。在不完全市场下，这可以减少消费者的预防性储蓄，进一步提高当期消费和政府支出乘数。

HANK 模型最重要的特征是允许资本市场不完全。在具有完全资本市场的新凯恩斯模型中，跨期替代是政府支出冲击影响消费的唯一渠道。由于资本市场不完全，HANK 模型中的政府支出冲击还会通过再分配渠道影响消费：政府支出上升带来的物价、利率、收入和税收的变化会影响财富和收入的再分配。不完全市场下，政府支出冲击对实际利率的影响减弱，叠加再分配渠道，HANK 模型中政府支出冲击对消费支出有更强的促进作用。

资本市场不完全还导致 HANK 模型中李嘉图等价不成立——举债融资和征税融资对政府支出乘数有不同影响。政府支出增加带来财政赤字对实际利率的影响较完全市场小得多，债务上升通过提高实际利率对投资的挤出作用微弱。此外，新发行的政府债务主要由边际消费倾向低的富人购买，而边际消费倾向高的穷人会消费掉大部分财政刺激带来的额外收入。因此，政府举债融资的政府支出增加对应的政府支出乘数高于加税保持预算平衡对应的乘数。不同于哈格多恩等采用的非线性方法求解模型，欧克勒、罗格利和施特劳布（Auclert，Rognlie and Straub，2018）采用局部线性方法求解 HANK 模型，得到的关于政府支出融资方式如何影响政府支出乘数的结论一致，即举债融资的政府支出乘数可以高于 1。

此外，由于资本市场不完全，政府支出对实际利率影响微弱，在流动性陷阱下也不例外。因此，不同于假设金融市场完全的代表性个体新凯恩斯模型，在 HANK 模型中，流动性陷阱下的政府支出乘数并不比其他时期更高。

4. 影响国家层面政府支出乘数的其他因素

（1）劳动力市场摩擦：米夏拉特（Michaillat，2014）在一个存在搜索匹配摩擦的新凯恩斯模型中研究经济周期（失业率）对政府支出乘数的影响，发现当失业率从 5% 上升到 8% 时，政府支出乘数变为原来的 2 倍。在米夏拉特的论文中，政府支出乘数的测度为公共部门增加一个就业对全社会就业的影响。政府支出乘数随失业率上升的主要原因是，政府部门和私人部门的招聘对象相同，存在相互竞争关系。政府支出增加意味着公共部门雇用更多的劳动力，会一定程度挤出私人部门的雇用，因此政府支出乘数在 0 到 1 之间。失业率越高，劳动力紧缺程度越低，政府支出乘数越高。基于此，米夏拉特和萨耶斯（Michaillat and Saez，2019）还讨论了最优的政府支出规模。

（2）金融摩擦：坎佐尼、柯腊德、德拉斯和迪巴（Canzoneri，Collard，Dellas and Diba，2015）基于存在逆周期金融摩擦的新凯恩斯模型（Cúrdia and Woodford，2016）研究了金融摩擦对于政府支出乘数的影响。他们发现，政府支出乘数在经济低迷时可能高达 2，因为经济衰退的时候企业融资更困难，金融加速器作用更强。相比经济繁荣的时候，政府支出增加对总需求的提振能更有效地降低信用利差，促进企业投资和产出。在他们的研究中，金融摩擦（金融机构的中介成本）逆周期是产生逆周期的政府支出乘数的关键，如果只存在金融摩擦而不假设金融摩擦程度存在逆周期变化，政府支出乘数几乎不随经济周期发生变化。

（3）政府债务水平：科尔塞蒂、库斯特、梅尔和穆勒（Corsetti, Kuester, Meier and Müller, 2013）在考虑到金融摩擦的新凯恩斯 DSGE 模型（Cúrdia 和 Woodford, 2016）中引入两个额外的假设：①当政府财政状况恶化、债务累积时，主权债务的风险溢价会上升；②主权债务的风险溢价上升会外溢推高私人部门债务的风险溢价。在此模型中，当政策利率触及零下限时，政府债务率上升会提高政府和债务违约风险，风险溢价上升导致政府支出乘数下降，因为货币政策无法有效抑制主权债务风险溢价上升外溢推高私人部门融资成本。

2.3 地方层面政府支出乘数

地方政府支出乘数测度某地政府支出相对于全国平均水平增加一单位，该地区产出相对于全国平均水平如何变化。近几年涌现了一批研究地方政府支出乘数的文献（例如，Nakamura and Steinsson, 2014；Farhi and Werning, 2016；Chodorow - Reich, 2019；Dupor, Karabarbounis, Kudlyak and Mehkari, 2018）。实证研究估计地方政府支出乘数相对于国家层面的乘数有独特的优势，第3章将对此进行详细讨论。地方政府支出乘数理论研究的主要目的，是建立地方政府支出乘数与国家层面政府支出乘数之间的定量关系。以下对地方政府支出乘数的代表性理论研究作简单总结。

中村和斯坦森（Nakamura and Steinsson, 2014）构造了统一货币联盟下开放经济新凯恩斯 DSGE 模型，分析了国家层面常规货币政策下的地方政府支出乘数与流动性陷阱下的国家层面政府支出乘数的差异。对于前者，当某地区政府支出暂时性增加时，该地区物价水平相对于其他地区短期上升而长期回归一致，因此该地区实际利率虽然短期下降，但长期会上升。与流动性陷阱下，政府支出增加导致实际利率持续下降情况不同。因此，常规货币政策下的地方政府支出乘数低于流动性陷阱情况下国家层面的政府支出乘数。此外，中村和斯坦森（2014）还为常规货币政策下，开放经济新凯恩斯 DSGE 模型得到的地方政府支出乘数高于国家层面的政府支出乘数提出了解释：在货币联盟中，地区之间是固定汇率，政府支出增加的地区由于不能相对于其他地区贬值，支出转移效应会导致当地消费下降。

杜波等（Dupor et al.，2018）在中村和斯坦森（2014）的基础上，结合哈格多恩等（2019）的异质性个体模型，用于研究地方政府支出乘数。不同于以中村和斯坦森（2014）、法希和威宁（Farhi and Werning，2016）为代表的代表性个体模型，HANK 模型中地方消费乘数为正而非负。导致这一差异的主要原因是 HANK 模型中金融市场不完全以及边际消费倾向存在异质性。杜波等（2018）进一步证明，虽然具有不完全金融市场的 RANK 模型也可以产生地方和国家层面消费乘数为正值的结果，但是幅度比 HANK 模型偏小，强调了边际消费倾向异质性的重要性。此外，杜波等（2018）的分析还表明，区域外溢效应和区域间相对价格变化也是模型中政府支出乘数可以与实证估计的乘数相匹配的原因。

2.4 国家和地方层面政府支出乘数的关系

为了使地方政府支出乘数具有政策指导意义，我们需要建立地方政府支出乘数和国家层面政府支出乘数的关系（Ramey，2011b）。乔多罗·赖希（Chodorow Reich，2019）发现，地方政府支出乘数是给定货币政策立场不变、债务融资的国家层面政府支出乘数的下限。

国家层面政府支出乘数与地方层面政府支出乘数之间差异在于政府支出的融资方式、货币政策的反应、地区间相对价格变化引起的支出转移效应、收入效应以及要素转移效应的影响。首先，国家层面的政府支出来源是税收或发债。当李嘉图等价成立时，融资方式对于政府支出乘数的大小没有影响；当李嘉图等价不成立时，债务融资的政府支出乘数高于税收融资的乘数。地方政府支出的融资方式除了征税和发债之外，还有转移支付。因此，外部资金融资的地方政府支出乘数在数量上相当于债务融资的国家层面政府支出乘数与转移支付乘数之和。

当李嘉图等价不成立时，发债融资和跨区域转移支付融资的政府支出乘数数值相等。原因是对于当地消费者来说，未来加税为当前政府支出买单与依靠跨区域转移支付买单没有区别。事实上，由于消费者决策时难以充分考虑未来潜在的加税对当前的影响、面临融资约束、可能不完全理性，李嘉图等价在现实中很可能不成立。即使李嘉图等价成立，中村和斯坦森（Nakamura and Steinsson，2014）、法希和威宁（Farhi and Werning，

2016）基于校准模型的定量分析都发现，发债融资的地方政府支出乘数和地区间政府转移支付融资得到的乘数类似。

货币政策立场对国家层面政府支出乘数的影响在2.2节已经总结过：不随财政支出变化而改变的货币政策会带来更高的政府支出乘数。地方政府支出乘数在计算过程中已经排除了货币政策的变化。因此，估计出来的乘数是给定货币政策不变情况下的政府支出乘数。

此外，地方政府支出乘数与给定货币政策不变的国家层面的政府支出乘数的相对大小还受到以下三个渠道的影响。

1. 支出转移渠道

某地政府支出增加在带动当地产出增长的同时，会推高当地产品和要素相对其他地区的价格。本地相对于其他地区贸易条件的改善，导致本地和其他地区对于本地产品的需求下降。因此，贸易条件改变引起的支出转移会导致地方政府支出乘数低于全国层面的政府支出乘数。支出转移的幅度取决于定价方式、产品跨地区的替代弹性以及政府支出和私人部门支出内容差异等多种因素。首先，文献尚未证实地方政府支出变化是否会带来地区间贸易条件变动。中村和斯坦森（Nakamura and Steinsson，2014）发现地方政府支出变化对地方消费物价没有影响，乔多罗·赖希（Chodorow－Reich，2019）将这个发现归因于缺乏地方层面高质量的物价指数。但是，斯特劳贝尔和瓦夫拉（Stroebel and Vavra，2016）、贝拉贾、赤（Beraja，Hurst and Ospina，2016）发现其他导致地方需求上升的因素会带来当地物价水平上升。其次，地方政府支出变化引起的地区间贸易条件的改变带来的支出转移幅度取决于短期替代弹性。最后，地方政府支出增加能提振当地产出的隐含前提，是地方政府支出中当地的产品占多数。即使这个前提假设满足，地区之间贸易条件变化能产生支出转移效应还需满足政府和私人部门支出存在竞争关系以及区域间劳动力可以自由流动这两个条件。

2. 收入效应渠道

当地方政府支出增加提高当地居民收入时，正的财富效应会导致这些居民同时增加本地和外地产品消费，产生正向溢出效应。同时，本地厂商扩大生产，对本地和外地的中间产品需求上升。这两方面的溢出效应都使得地方政府支出乘数低于国家层面政府支出乘数。收入效应的重要性取决于居民的边际消费倾向和边际进口倾向。边际消费倾向越大，地方政府支出乘数越高；边际进口倾向越大，地方政府支出乘数越低。后者意味着地市级政府支出乘数低于省级政府支出乘数，原因是地区越小，边际进口倾向越高。第 6 章基于地级市和省级数据分别估计中国地方政府支出乘数的结果印证了这个推断。

3. 要素流动渠道

不同于支出转移和收入效应会降低地方政府支出乘数，要素可以跨地区流动会提高地方政府支出乘数。地方政府支出增加导致当地产出扩张，吸引外地劳动力流入。人口流入提振当地不可贸易品部门的产出，同时压低可贸易品部门的工资。跨地区人口自由流动通过放松地方资源约束条件，提高地方政府支出乘数。由于跨地区迁移涉及包括搬家在内的固定成本，因此只有当政府支出增加足够持续时，跨地区劳动力迁移渠道才变得足够重要。这也是法希和威宁（Farhi and Werning，2016）、舒艾格（Shoag，2015）、中村和斯坦森（Nakamura and Steinsson，2014）在研究暂时性的地方政府支出增加的政府支出乘数时没有考虑这个渠道。

由于支出转移和收入渠道对地方政府支出乘数有负面影响，而跨地区的要素流动渠道在政府支出冲击持续性较低时可以忽略不计，地方政府支出乘数为债务融资、给定货币政策立场不变情况下国家层面政府支出乘数的下限。

2.5 政府消费和投资支出效果异质性

政府支出乘数的大小还取决于支出的类型。文献主要关注消费型和投资型政府支出对乘数的影响差异。与消费型政府支出只影响需求侧不同，投资型政府支出同时影响需求侧和供给侧（提升生产效率），因此普遍认为投资型政府支出对应的乘数更高。

2008 年金融危机后，学术界对政府投资短期稳增长的关注度逐渐增加。美国国会于 2009 年初通过了《美国复苏与再投资法案》（American Recovery and Reinvestment Act，ARRA）。这部总额高达 7870 亿美元财政刺激法案中，约有 1320 亿美元投向交通、水、能源等基础设施领域投资。对一项旨在逆周期稳增长的财政法案来说，如此强调基建投资实属罕见。这部法案激发了学术界重新思考基建投资对经济增长贡献的热情。不过，学术研究发现，ARRA 中的基建投资并未对金融危机后美国经济的复苏起到显著的作用。里珀、沃克尔和杨（Leeper，Walker and Yang，2010）基于用贝叶斯方法估计的新古典模型，对消费型和投资型政府支出短期和长期的经济影响进行对比分析，发现基建投资短期稳增长的效果可能因为两个关键原因而大打折扣。第一，基建投资往往存在较长的执行时滞（implementation delay）。公共部门主导的基建投资在正式开工建设前，往往需要经过漫长的研究、规划、论证、立项、招标、签约等过程，很少有项目是随时可以开工的（shovel ready），而且项目完工前通常并不能促进经济活动。例如，ARRA 批准的高速公路预算在 2009 年只花了 10%，直到 2013 年才全部花完。基建项目在长期中提高了经济的生产率，会带来正面的财富效应，从而减少居民当期工作的意愿，影响类似于分阶段减税。如果基建投资执行时滞较长，短期内财富效应带来的拖累将超过基建投资支出的提振，从而导致财政乘数接近 0 甚至为负数。第二，大规模基建投资耗资巨大，很可能迫使政府未来以加税、减支等方式进行财政整顿。私人部门对未来财政整顿的预期，会进一步削弱基建投资短期内对经济的提振效果。乐多克和威尔森（Leduc and Wilson，2013）强调了高速公路投资对经济的长期提振作用，但发现基建投资在短期内对就业、工资、总产出的影响为负数。他们也指出基建投资面临较长的时滞，基建施工短期内还可能对经济活动产生干扰（如暂时封路等）。此外，现代基建投资资本密集度较高，对就业的提振作用可能较弱。

布姆（Boehm，2019）认为政府投资短期内对私人投资的挤出可能远远强于此前的估计，原因是私人部门会预期政府支出的变化并相应作出反应。因此，政府支出对经济的影响可能有很大一部分在支出落地前就已经发生。控制私人对政府支出的预期后，布姆发现政府投资的短期乘数约为 0，而政府消费的短期乘数约为 0.8。布姆指出，政府投资对私人经济活动的挤出效应远远强于政府消费，原因是政府投资会带来较大的正面财富效应，从而驱动居民增加消费、减少工作时间。前者导致居民消费增加，后者导致总产出下降，这意味着私人投资短期内大幅下降。从另一个角度来说，居民消费增加，会导致利率上升，从而导致私人投资大幅下降。私人投资项目期限一般很长，跨期替代弹性因而比消费高得多，对利率高度敏感。直觉上说，推迟投资对企业经营未必会产生直接的影响，但推迟消费会立即产生效用损失。政府大举进行基建投资时，会推高投资品、劳动力等要素成本。企业则会选择推迟投资，以等待要素成本回落。总产出下降意味着政府投资的短期乘数可以是负数。相比之下，政府消费伴随负面财富效应，会导致居民减少消费、增加工作时间，后者意味着总产出增加，即政府消费乘数大于0。

初始公共资本存量也是影响基建投资效率的关键。从新古典增长模型很容易看出，公共资本存量对投资效率有一阶影响。如果初始资本存量很大，超出了最优水平，增加投资的长期回报会很低，反之，如果基础设施投资长期不足，资本存量因持续老化折旧已经低于最优水平，投资的回报则会较高。但是，衡量一国公共资本存量是否处于最优水平并非易事。从理论模型中可以看出，最优公共资本存量高度依赖于总产出对公共资本存量的弹性。拉米（Ramey，2020）指出，如果这一弹性为0.05，则美国公共资本存量略高于最优水平，如果这一弹性为0.11（Bom and Ligthart，2014），则美国公共资本存量显著低于最优。但是，最优公共资本存量还取决于一系列其他因素。例如，若政府为基建投资征税带来额外的扭曲，会降低公共最优资本存量。反之，若私人投资因垄断、资本所得税、未能将正外部性内化等原因低于最优存量，则可能提高最优公共资本存量。此外，总产出对不同类型的公共资本的弹性可能存在较大差异，一国某些公共资本可能相对充裕，但另一些公共资本可能严重不足。最后，公共资本的质量随着时间推移不断变化，也会影响最优存量水平。

因此，由于政府投资支出存在时滞、短期内比政府消费支出对私人投资有更强的挤出作用，政府投资支出乘数在短期低于政府消费支出乘数。政府投资支出的长期乘数取决于公共资本的初始值相对于社会最优值的位置。更高的生产函数弹性以及公共资本存量远低于社会最优水平都可以提升长期政府投资乘数。

2.6 财政与货币政策的互动和协同

财政政策和货币政策是宏观调控的两大政策，都可以影响总需求。在简单的经济模型如IS－LM中，如果要实现稳定总需求这一目标，用财政政策和货币政策都可以，二者具有一定的替代性。但现实中，宏观经济的目标是多元的，不仅包括促进增长和就业，还包括稳定通胀、平衡国际收支、债务可持续、保持金融稳定等。为了同时实现这些目标，首先需要更多政策工具。丁伯根法则（Tinbergen's rule）指出，要同时实现N个目标，必须有至少N个相互独立的政策工具。如果政策工具个数多于政策目标个数，一般有多种实现目标的方式。如果政策工具个数少于政策目标个数，政策制定者就只能在不同的目标之间进行权衡取舍。为了同时实现这些目标，还需要对各种政策工具进行适当的组合。因此，政策制定者在多个目标之间进行权衡时，考虑的不再是单个政策，而是经济政策的组合（policy mix）对各种目标的总体影响。如何适当地设计政策组合，以最好地实现多元目标？这便是经济政策组合的最优化问题（Klein，2004）。

考虑多重目标和政策组合时，财政政策和货币政策就不再是两个可以相互替代的政策。二者主要有四方面的区别。第一，从传导机制看，财政政策可以通过政府支出直接影响总需求，而货币政策对总需求的影响比较间接——货币政策直接影响的是金融机构资产负债表和金融市场状况，进而诱导金融机构调整信贷和投资决策，从而影响总需求。第二，从影响对象看，财政政策天生是结构性政策，可以通过税收、转移支付等方式调节收入分配，可以针对特定的居民和企业，而货币政策主要是总量政策。当然，货币政策也会产生再分配效应，例如降息意味着债权人向债务人转移财富，会对总需求产生影响（Auclert，2019）。但是，这种效应主要是货币政策的副产品，而不是政策制定的出发点。第三，从影响效果看，货币政策主要影响总需求，财政政策除了影响总需求，还有一定的影响总供给的能力。例如，政府降低个人所得税边际税率，有助于增加劳动力总供给，降低企业所得税边际税率则有助于增加投资。又如，政府投资公路、管道、网络等公共基础设施，可能在中长期提高经济运行效率。第四，从决策机制看，财政政策在民主国家一般需要以议会批准预算、拨款、税收等法案的方式进行，决策速度较慢，容易受到政治影响，货币政策则由非民选的央行官员决定，决策速度快，受政治影响相对较少。

什么样的财政货币政策组合最有利于实现宏观经济的各种目标？20世纪60年代，蒙代尔（Mundell）提出了一种思路。他指出，每种政策工具都有自己的比较优势——给定一个宏观目标，不同政策工具对其施加影响的能力各异。为了优化政策组合的效果，政策制定者应该发挥政策工具的比较优势，使用调控力最强的政策工具去调控目标，从而最大化宏观调控的能力。20世纪60年代初，美国试图用宽松的货币政策维持高就业，用偏紧的财政政策维持国际收支平衡。蒙代尔认为这样的政策组合恰好违背了比较优势原理——货币政策容易通过金融渠道影响国际收支，比财政政策通过影响国内总需求更加有效。因此，美国应该通过紧货币吸引资本流入，维持国际收支平衡，通过宽财政提振国内总需求和就业。

到了20世纪80年代，托宾（Tobin）提出了另一种思路。他强调宏观经济的短期目标是促进增长，长期目标是宏观稳定，包括财政可持续、国际收支平衡等，政策制定者应当尽可能同时实现短期和长期目标。20世纪80年代，美国实行的是紧货币、宽财政的政策组合。美联储时任主席沃尔克坚定地紧缩货币以压低通胀，而里根政府按照供给学派的主张降低边际税率，同时扩大国防开支，财政赤字急剧增加。托宾认为，紧货币、宽财政的政策组合将真实利率和美元汇率推到前所未有的高度，不仅拖累了投资和增长，还加剧了财政负担和可持续问题，短期和长期目标都没有实现。托宾主张美国应当宽货币、紧财政，以促进经济增长、提高国际竞争力、改善国际收支。从20世纪80年代后期到2008年金融危机之前，美国的宏观政策组合确实像托宾建议的那样，逐渐走向了宽货币、紧财政（Galí，2008）。这样的政策组合一度带来了宏观经济的大缓和（great moderation）。经济学家们没有想到的是，宽货币刺激居民部门加杠杆，居民债务尤其是房贷快速增长，助长了房地产泡沫并于2007～2009年破灭，政府不得不更大力度地宽松。进入21世纪，虽然货币政策史无前例地宽松，利率长期低迷，居民部门依然持续缓慢去杠杆，经济复苏乏力，通胀始终无法达到2%的政策目标。在这种环境下，紧财政尤其是压缩公共投资，既会拖累短期经济增长，也起不到化解长期债务的作用。许多学者主张低利率的环境下应当宽财政，尤其是扩大教育、基础设施等中长期投（Blanchard，2013；Furman and Summers，2020）。由此可见，最优政策组合不是一成不变的，取决于当下的经济形势和主要矛盾，也取决于经济长期、结构性的变化。

更加现代的分析思路，是聚焦财政和货币政策的相互影响，讨论如何更好地实现通胀稳定和政府债务可持续两个目标。在简单的IS－LM模型中，财政政策和货币政策可以各自为政，一方决策不会影响另一方决策。但是，现实中货币政策和财政政策不是相互独立的。货币当局和财政当局都是广义政府的一部分，只是分工不同：货币当局决定货币供给和铸币税，财政决定名义支出、税收和债务发行。二者通过政府的跨期预算约束联系在一起：对于整个广义政府来说，财政发债 B 和货币供给 M 都是政府的负债。由于政府并不生产物质财富，其跨期预算约束必然要求当前负债的真实价值 $(B+M)/P$ 等于未来预期能够征收的真实财政盈余（$T-G$）和铸币税（S）的现值 $PV(T-G+S)$。由此可见，央行决策对政府跨期预算约束的影响：通胀目标隐含了物价水平的路径，因而会影响 $(B+M)/P$；政策利率作为折现因子，影响 $PV(T-G+S)$。给定货币政策和财政政策的路径，政府跨期预算约束决定了物价水平 P，这便是物价水平的财政理论（fiscal theory of the price level，FTPL）。

共享跨期预算约束，意味着财政和货币当局至多只有一方拥有自由裁量权，另一方则必须配合，以遵守政府跨期预算约束。如果货币当局有自由裁量权，一旦确定了货币供给（即铸币税的现值），财政当局就必须按照政府跨期预算约束安排未来财政盈余的现值：如果今天增加支出，未来就必须增加税收。这种情况称为货币主导（monetary dominance）。例如，央行坚决持续加息，就会提高债务成本，限制财政宽松的空间。货币主导时，通胀主要由货币政策决定，即“通胀是货币现象”。如果货币当局坚决盯住通胀，则通胀会保持低而稳定的状态。常见的新凯恩斯主义 DSGE 模型中，货币主导是隐含假设（Woodford，2003）。央行可以自主设定政策利率路径，是主角；财政政策配合央行，是配角——给定央行设定的政策利率路径，财政会相应调整税收，使广义政府的跨期预算约束永远成立。也就是说，财政政策已经保证政府债务总是可持续的，稳定通胀的责任由货币政策承担。

但货币主导、财政配合并不是唯一一种可能的政策组合。如果财政当局有自由裁量权，一旦确定了未来财政盈余的现值，货币当局就必须按照政府跨期预算约束安排未来的货币供给。这种情况称为财政主导（fiscal dominance）。财政主导时，物价水平和通胀，取决于当前的政府债务是否有未来的财政盈余作为支撑（fiscal backing）。如果有支撑，则物价水平并不会上升，原因是未来财政盈余意味着加税、减支，这种预期会抑制居民消费，抵消居民持有政府债务带来的财富效应，从而抑制物价上升。例如，日本政府债务占 GDP 之比虽是世界最高，但日本财政部政策立场一贯保守，经常威胁加税，在财政紧缩预期下，高政府债务并不会导致物价水平上升。又如，德国坚持财政“黑零”原则，即使欧洲央行全力宽松，通胀仍然低迷。反之，如果没有未来盈余支撑，财政赤字增加会推高物价水平。赤字增加意味着居民持有更多政府债资产，而政府未来不增加税收，居民会感到财富增加，财富效应推动消费需求上升，推高物价（Leeper and Leith，2016）。

财政主导下，央行不再具有控制通胀的能力。收紧货币只能暂时抑制需求，控制短期通胀，但货币紧缩会加大偿债负担。在财政主导下，央行终将被迫放弃紧缩，降低偿债成本并征收更多铸币税为财政融资，才能维持政府跨期预算约束平衡。通胀会在短期稳定后再度上升。这种“令人不悦的货币主义算术”（unpleasant monetarist arithmetic，Sargent and Wallace，1981）的本质，是财政主导剥夺了央行对铸币税现值的自由裁量权，只剩下铸币税的时间分布的自由裁量权，于是，通胀成为“财政现象”而非货币现象。魏玛共和国、匈牙利等历史上最严重的恶性通胀，都是财政失控导致的。一旦财政重新取得平衡，恶性通胀就会戛然而止（Sargent，1982）。由此可见，财政主导下，财政政策对通胀稳定至关重要，而货币政策是否配合财政，会影响政府债务的可持续性。

货币主导和财政主导是财政货币政策组合的两个理论极端。现实中，财政货币政策组合处于两个极端之间。政策组合往往会在一个格局中持续数十年时间而不发生显著的变化。但政策组合一旦发生格局性的剧变，将对宏观经济带来巨大而深远的影响。1929～1933 年经济大萧条期间，美国出现有史以来最严重的通缩。罗斯福 1933 年初上台后，美国宏观政策组合发生了巨大变化。货币政策方面，放弃“金本位”，扩大政府在货币事务中的决定权，取消银币发行限制，促进美元贬值。财政政策方面，将普通预算和紧急预算分开，反复强调后者在扩大支出的同时不加税。宏观政策组合的剧变导致了通胀的剧变。1933 年第二季度，美国 CPI 和 PPI 开始快速反弹。当时还没有通胀预期调查，但期刊杂志上“通胀”出现的频率急剧增加，市场机构纷纷报告“通胀要回来了”，从一个侧面表明通胀预期快速回升（Jalil and Rua，2016；Jacobson et al.，2019）。

2.7 中国政府支出乘数理论研究进展

国内学界对于政府支出乘数的理论研究正在兴起。王文甫（2010）的论文是第一篇研究中国财政乘数的文章，强调不完全竞争因素对财政乘数的影响。王国静和田国强（2014）的模型同时考虑政府消费的互补效应、政府投资的外部效应和财政政策规则的内生效应对财政乘数的影响。张开和龚六堂（2018）所建立的含有投入产出框架的多部门DSGE模型，主要考虑中国汇率制度和投入产出关联的生产结构对于财政乘数的影响。几乎同时，陈登科和陈诗一（2017）、王立勇和徐晓莉（2018）从不同角度强调金融摩擦对财政乘数的影响。

针对中国经济特征，这些研究中国政府支出乘数的文献主要关注两方面问题。一是政府支出乘数的异质性。中国政府支出的一个重要特点是投资支出占比高于西方发达国家。如果考虑到由预算外资金支持的政府投资，这个比例还会更高。大量研究中国政府支出乘数的理论文献对比政府消费和投资乘数的差异，普遍发现财政投资乘数高于消费乘数，并从不同角度解释了造成差异的原因（郭新强和胡永刚，2012；王国静和田国强，2014；饶晓辉和刘方，2014；吕炜等，2016；王立勇和徐晓莉，2018）。

二是探究中国政策框架演进和经济结构变化对政府支出乘数的影响。例如，卞志村等（2019）论证了中国货币政策框架从以数量型为主向以价格型为主转型，会加剧财政刺激对私人投资的挤出，降低政府支出乘数；陈登科和陈诗一（2017）则强调金融危机之后中国企业负债率的迅速上升导致金融摩擦增加，在低利率环境下，使得财政刺激更多的挤入私人投资，增加政府支出乘数。

2.8 总　　结

总体来说，对中国财政支出乘数的理论研究还处于起步阶段，现有文献主要基于封闭经济新凯恩斯模型，分析各类因素对国家层面财政乘数的影响。这些研究拓展了我们对于财政政策效果、决定因素及影响机制的理解，也为政策制定者在不同情境下制定财政政策，提供了科学可靠的依据，但也还有很多问题待解决。

具体来说，现有研究既未考虑到与中国财政政策制定和实施相关的中国特色的制度、体制和经济结构对财政政策传导机制的影响，也缺乏针对中国地方财政乘数的理论研究。首先，与西方发达国家不同，中国采取的积极财政政策中包含大量的基建等投资支出，而该类支出中的大部分由地方“准”财政承担。理论文献对于中国基础设施投资乘数的研究忽略了其融资方式的影响，未来研究可以将地方政府融资平台通过抵押土地，融资支持地方政府基建投资的行为纳入到理论模型中，对比此融资方式与传统的用预算资金来进行基建投资对应的产出、投资和通胀乘数的差异。

其次，中国地方政府在财政政策实施中扮演重要角色。正如许成钢（Xu，2011）所强调，中国特有的分权权威制在中国经济发展中扮演了重要角色。具体来讲，一方面，该制度赋予了地方官员足够的权力空间，来充分调动地方资源促进地方经济发展，另一方面，地方官员是否能继续升迁由中央政府决定，而决策的主要依据是他们的地方经济治理表现，文献称这个模式为“官员晋升锦标赛”（周黎安，2007）。大量文献证明，地方官员的政治激励和地方经济表现高度相关。一方面，地方官员的政治激励对地方经济政策的实施力度以及地方经济活动有直接影响，例如，在有升迁压力时多出让工业用地（杨继东和杨其静，2016）、增加地方政府支出（Guo，2009），促进地方举债规模扩张（贾俊雪等，2017）；另一方面，某地经济相对国内其他地区的增速对于当地官员升迁有决定性影响（Li and Zhou，2005；Jia et al.，2015）。总体来讲，现有文献证明地方官员确实有动力调动包括财政、信贷、土地政策等一系列经济政策在内的资源来积累政绩，为升迁作准备。此外，熊伟（Xiong，2019）证明地方官员的政治激励确实为中国经济增长做出了重要贡献，虽然也带来了地方政府过度投资和杠杆率过高的问题。由此，我们可以推断，地方官员的政治激励可能会影响到地方财政政策效果，因为地方官员在面临晋升压力时在增加地方财政支出（尤其是基建投资支出）的同时会实施一系列配套政策，例如，让地方银行增加信贷量、增加土地出售来增加预算外收入支持基建支出等。因此，在类似于中村和斯坦森（Nakamura and Steinsson，2014）地方财政乘数模型基础上，引入地方官员在政治晋升压力下干预财政的行为，可以将政治经济周期与财政乘数两支文献联系起来，有助于发掘新的洞见以及理论创新。

最后，中国的财政与货币政策的互动与配合也值得深入研究。中国货币政策的框架在不断演进，与财政政策的关系也在不断变化。基于模型探究货币政策两方面变化对于财政乘数的影响，有助于明确财政和货币政策的改革方向，有重要的政策意义。

第3章

实证研究

3.1 研究方法

政府支出乘数的实证研究主要有三种方法。第一种利用结构向量自回归模型（SVAR）或者局部投影法（local projection）估计国家层面的政府支出乘数。第二种利用基于校准或者估计的DSGE模型估计国家层面的政府支出乘数。第三种利用面板分级的计量方法估计地方层面的政府支出乘数。

前两种方法的优点，是估计得到的国家层面政府支出乘数具有政策含义，可以用于评估财政政策效果。第一种方法用时间序列模型估计政府支出乘数，模型形式灵活，不受特定的结构模型如DSGE的限制。第二种方法用DSGE模型估计政府支出乘数，可以基于模型进行反事实（counterfactual）分析，为政策建议提供更为丰富的证据。

前两种方法都存在参数识别问题。用时间序列模型估计政府支出乘数时，需要通过向结构向量自回归模型施加结构假设来识别外生的政府支出冲击，或者运用叙述方法（narrative approach），结合历史事件，用工具变量法构造外生的政府支出冲击。文献对上述识别方法得到的政府支出冲击的质疑不断，要么与政府支出的相关性不够强，要么相关性太高，外生性较弱或可被预测。DSGE建模则需要严格的模型设定，以及外生冲击所服从随机过程的假设。基于这样的模型估计出来的政府支出冲击也存在弱识别（weak identification）的问题。

利用面板数据估计地方政府支出乘数的优点是可以利用更多样的微观数据集，运用自然实验或巴蒂克（Bartik，1991）工具变量法构造外生的政府支出变化，估计的乘数在计量上更加可靠。然而，地方政府支出乘数本身并不能反映政府支出变化对宏观经济的影响，原因是基于微观数据估计时，模型中的时间虚拟变量已经控制了宏观经济变化，估计出的地方政府支出乘数只能测度某地相对于全国平均水平政府支出增加 1 个单位，当地的产出或者就业相对全国平均水平的变化。

2008 年金融危机后，政府支出乘数研究快速兴起，文献在动态政府支出乘数的计算、控制政府支出变化的预期以及政府支出冲击的识别等各个方面取得了明显进展。

在动态政府支出乘数的计算方面，以拉米和祖拜里（Ramey and Zubairy，2018）为代表的研究，经过对比分析危机前文献计算政府支出乘数的各类方法，建议采用高顿和克伦（Gordon and Krenn，2017）的计算方式——动态系统中的所有变量用其水平值除以实际 GDP 趋势项的方式进行转变。这样，政府支出乘数可以由产出对外生财政支出冲击的累计反应直接除以政府支出的累计反应得到，统一了计算政府支出乘数的方法，估计精度也大幅提高。拉米和祖拜里（2018）估计得到的美国负债融资的政府支出乘数在 0.6 到 1 之间。

在控制政府支出变化的预期方面，拉米（2011a）率先强调预期到与未预期到的政府支出变化对于消费有截然不同的影响。此后，大量文献开始注意区分预期到与未预期到政府支出变化。里珀、沃克尔和杨（Leeper，Walker and Yang，2013）还推出了政府支出预期带来的计量误差。此后，用时间序列方法估计政府支出乘数的文献，一般会在模型中加入专业预测人员对未来政府支出的预测，或政府支出变化新闻的序列，以控制预期到的政府支出变化。

在政府支出冲击的识别方面，2008 年金融危机前常见的识别方法，如布兰查德和佩罗蒂（Blanchard and Perotti，2002）的递归法以及芒特福德和乌利格（Mountford and Uhlig，2009）的符号识别，都无法有效控制预期到的政府支出变化，且后者严重依赖于结构模型的设定。2008 年金融危机之后，在政府支出冲击识别方面的进展主要是利用自然实验来获得外生的政府支出变化。例如，拉米和祖拜里（2018）强调美国军事支出是由战争需求决定的，而战争本身是外生事件，与美国经济状况无关。他们利用美国军事支出作为政府支出的工具变量。奥肯西亚、科尔塞蒂和西莫内利（Acconcia，Corsetti and Simonelli，2014）则利用意大利政府清理黑手党作为导致省级政府支出变化的外生因素。乔多罗·赖希（Chodorow－Reich，2019）则利用《美国复苏与再投资法案》构造地方政府支出的工具变量。

3.2 国家层面政府支出乘数

本书附录一中的表1和表2中分别总结了文献中利用时间序列模型或者DSGE模型估算的不同国家的政府支出乘数。不难发现，两种方法估计得到的政府支出乘数很接近，都在0.5～1。这里的实证估计结果主要来自拉米（2019）。其中，布兰查德和佩罗蒂（2002）、芒特福德和乌利格（Mountford and Uhlig，2009）的结果是基于拉米和祖拜里（2018）建议的动态政府支出乘数计算方法、将原始数据拓展到2015年，重新估计得到的。

国家层面的政府支出乘数受到多种因素影响。例如，伊尔泽茨基、门多萨和伟格（Ilzetzki，Mendoza and Vegh，2010）利用跨国数据估计政府支出乘数，发现其取决于汇率制度，固定汇率制下的长期乘数为1.4，而浮动汇率制下的长期乘数为－0.7。以尼克尔和图迪卡（Nickel and Tudyka，2014）、惠德罗姆、科斯、林和昂赛之（Huidrom，Kose，Lim and Ohnsorge，2019）、伊尔泽茨基等（Ilzetzki et al.，2013）为代表的文献发现，政府支出乘数受到政府债务率的影响，政府债务率越高，国家层面的政府支出乘数越低。政府债务率通过两个渠道影响政府支出乘数。一是李嘉图渠道。政府债务率越高，家庭部门会预期政府将更早、更大幅度地提高税率，由此带来更加负面的财富效应，迫使家庭部门削减当前消费。二是利率渠道。政府债务率越高，政府支出上升越会引发投资者对于主权债务违约风险的担忧，推高主权债务的利率以及经济体中其他部门的融资成本，从而挤出私人部门投资和消费。伯纳迪尼和皮尔斯曼（Bernardini and Peersman，2018）则发现，美国政府支出乘数会随着私人部门负债率上升而提高。背后的逻辑也很简单，当私人部门负债率高的时候，政府支出增加对私人部门消费和投资的挤出作用更低。大量理论研究表明，货币政策面临零下限约束时，政府支出乘数更高。拉米和祖拜里（2018）基于美国数据，为此提供了实证证据。利用类似的方法，宫本、阮和盖耶夫（Miyamoto，Nguyen and Sergeyev，2018）基于日本数据，发现政府支出乘数在名义利率维持在零时更高。

此外，巴赫曼和西姆斯（Bachmann and Sims，2012）利用美国 1960～2011 年季度数据估计结构向量自回归模型发现，在经济衰退的时候，消费者信心在政府支出冲击影响实体经济的过程中扮演重要角色，而在经济没有衰退的时候，消费者信心对政府支出乘数没有影响。文中消费者信心的测度来自密歇根大学消费者调查，政府支出冲击根据标准的递归方法识别，检验消费者信心渠道的方式并非将其与政府支出冲击的交互项引入结构向量自回归，而是通过对系数矩阵施加约束条件将政府支出冲击的影响分解为直接影响和通过消费者信心渠道的间接影响。进一步分析表明，政府支出冲击通过消费者信心渠道影响经济表现时，主要是通过改善中长期经济的基本面，而非提振短期情绪。

3.3 状态依赖特征以及异质性

基于发达国家数据估计得到的国家层面政府支出乘数低于 1，表明政府支出对产出提振效果有限。那么，对财政政策制定更相关的问题是政府支出是否在经济低迷时对产出有更强的提振作用。文献对此并没有达成共识。艾尔巴赫和戈罗德尼琴科（Auerbach and Gorodnichenko，2012）利用门限结构向量自回归模型发现美国政府支出乘数是逆周期的，经济衰退时高达 2.2，而经济繁荣时为 -0.3。而卡吉亚诺等（Caggiano et al.，2015）以及拉米和祖拜里（2018）发现美国政府支出乘数没有明显周期性。拉米和祖拜里（2018）指出艾尔巴赫和戈罗德尼琴科（2012）的结果可能是由于忽略了财政支出冲击对经济状态的影响。卡吉亚诺等（2015）考虑这一机制后，发现美国政府支出乘数只在严重衰退时显著高于强劲扩张期。

另外一个与财政政策制定相关的问题是政府支出的构成如何影响政府支出扩张的效果。埃拉希和里科（Ellahie and Ricco，2017）基于大数据集，利用大型贝叶斯向量自回归模型估计发现美国国家层面政府支出乘数为 0.7，符合拉米（2019）总结的政府支出乘数范围（0.5～1），政府非国防类投资的支出乘数显著高于1，国防类投资性的支出乘数为负值，地方政府在教育和医疗方面的消费支出对产出有显著的长期提振作用。伊尔泽茨基等（2013）利用结构向量自回归模型估计了OECD国家的政府投资乘数，发现短期乘数约为0.4，长期乘数约为1.6。作为比较，政府消费的短期乘数同样约为0.4，而长期乘数仅约为0.66。布姆（2019）同样估计了OECD国家的政府投资乘数，估计时专门控制了私人部门对政府投资的预期，同样发现政府投资的长期乘数为1.6。本章的3.5节会对基建投资乘数的文献进行更详细的总结。

3.4 地方层面政府支出乘数

与国家层面政府支出乘数一般只能进行时间序列分析不同，估计地方政府支出乘数时可以利用面板数据显著增加观测值，有助于提高估计的准确程度。本书附录一中表1和表2分别总结了理论和实证文献得到的地方政府支出乘数。绝大多数文献发现，赤字融资的地方政府支出乘数大于1。而且，利用面板数据中的区域异质性，学者可以采用更多样的方法识别外生的政府支出冲击，还可以探究更多影响财政政策传导机制的因素。当然，地方政府支出乘数是一个相对值，不能由地方政府支出乘数直接推出全国层面的乘数。二者存在差异的重要原因是外溢效应，比如某地政府支出增加会吸引其他地区劳动力流入，则该地政府支出乘数会高于全国层面的政府支出乘数。

参考乔多罗·赖希（2019），以下将2008年金融危机以来地方政府支出乘数的文献分为基于ARRA的研究和其他研究分别讨论。基于ARRA的研究都是基于同一外生事件、同样的时间段来估计乘数，且政府支出的融资方式和持续性一致，具有高度可比性。

2008年金融危机后涌现了大量基于ARRA估计地方政府支出的就业乘数的研究。其中，乔多罗·赖希等（2012）基于医疗补助匹配计划（medicaid matching program）估计的就业乘数最高：相对于全国平均水平，一个州从联邦政府每多收到10万美元援助资金，能够相对全国平均水平增加 3. 8 个就业。[①] 有两方面原因推高了就业乘数。第一，这部分援助资金可以由州政府自由支配，用于最需要的部门。乔多罗·赖希等（2012）发现，地方政府增加资金投入的部门裁员明显减少。第二，这部分资金比基建资金到位快得多，可以及时弥补地方财政资金短缺。康利和杜波（Conley and Dupor，2013）得到的乘数最低：相对于全国平均水平，一个州从联邦政府每多收到 10 万美元救助资金，能够相对全国平均水平增加 0. 76 个就业。这篇文章中，财政支出变量为 ARRA 支出减去危机带来的税收收入损失，因此估计的政府支出乘数是预算平衡限制下的乘数，而非中央政府转移支付或者赤字融资乘数。除去预算平衡限制后，估计出的支出乘数会提高 50%，与其他 ARRA 文献的估计值接近。

其他研究利用各种新颖的数据集和识别方法，从不同角度估计了地方政府支出乘数。例如，中村和斯坦森（2014）基于美国各州数据，利用国防支出区域异质性来估计地方政府支出乘数。这篇文章的识别假设，是美国国防支出的变化与国防支出在不同地区的分配无关。利用国防支出估计国家层面政府支出乘数时的识别假设，是美国国防支出的变化与经济周期无关。由此可见，这篇文章的识别假设更弱。杜波和格雷罗（Dupor and Guerrero，2017）利用美国各州政府年度国防采购数据，估计了地方政府支出乘数，接着将各州数据加总到全国层面，估计国家层面的政府支出乘数。这篇文章运用统一的外生政府支出冲击的识别方法和数据集，为地方和全国层面政府支出乘数的数量关系提供了证据，证明国家层面的政府支出乘数等于地方政府支出乘数与州际政府支出溢出效应之和。他们发现，美国各州之间的政府支出溢出效应为正，地方政府支出的收入和就业乘数在 0 到 0. 5 之间，国家层面的政府支出乘数更高。他们的估计结果印证了中村和斯坦森（2014）利用美国各州数据，发现政府支出乘数高于 1 的发现。他们指出，朝鲜战争对美国经济的影响较小，将中村和斯坦森（2014）使用的样本数据向后拓展 15 年，纳入朝鲜战争时期后，得到的地方政府支出乘数的确变小。布吕克纳和图拉达尔（Brückner and Tuladhar，

---

① 医疗补助匹配计划是《美国复苏与再投资法案》（ARRA）的一部分。联邦政府向州政府以增加医疗补助的形式提供大约 900 亿美金的援助，其中原本人均医疗补助花费多的州获得更高的援助资金。由于各州接收到的资金数量受到该州失业率的影响，为了避免内生性问题，乔多罗·赖希等人（2012）采用金融危机前各州的医疗补助支出占州政府支出的比值作为受到转移支付的工具变量。

2014）利用日本县级数据估计日本在20世纪90年代“失去的十年”期间的地方政府支出乘数。他们发现，政府支出乘数会随支出类型发生变化，金融危机对政府支出乘数带来显著拖累。科恩等（Cohen et al.，2011）将美国各州年度财政数据和位于该州的企业数据结合起来，用该州国会议员当选参众两院委员会主席识别外生的政府支出变化。逻辑是，国会议员当选两院委员会主席后，会向其所在州提供更多专项资金和联邦转移支付。他们发现，政府支出增加会挤出州内企业的资本支出和研发投资，并减少当地就业。

3.5 基建投资的影响

传统文献认为，基建投资对经济增长的提振作用显著强于国防等政府消费支出。从理论上说，交通、通信等基础设施有助于减少经济活动面临的交易成本和摩擦，提高经济运行的速度和效率，还有助于私人部门开拓新的市场和商业模式。自来水、污水固废处理等基础设施有助于环境清洁，减少传染病，维护居民健康，有助于人力资本积累和劳动生产率提升。以上几个例子表明基础设施可能具有较强的正外部性，具有公共品属性。因此，政府进行基建投资，有助于缓解私人基础设施供给不足，从而提高工资、就业和福利。此外，在经济陷入衰退时，政府扩大基建投资还可能有助于扩大总需求，增加就业。

从基础设施是公共资本这一思路出发，百特和金（Baxter and King，1993）将公共基础设施纳入新古典生产函数。公共资本的纳入使得生产函数具有规模报酬递增（increasing returns to scale）的特性。因此，公共投资的长期乘数大小，关键在于规模报酬递增的程度。如果规模报酬系数为1.05，永久性政府基建投资的长期乘数为1.5，如果规模报酬系数高达1.4，政府基建投资的长期乘数将高达13。政府消费对生产没有提振作用（规模报酬系数为1），长期乘数仅为1.2。

实证文献总体证实了上述理论假说，认为基建投资长期中对经济具有显著的正面作用。阿斯肖尔（Aschauer，1989）估计认为美国GDP对公共资本存量的弹性高达0.39。基于这个估计，阿斯肖尔认为基建投资不足是美国等发达国家20世纪70年代至80年代生产率增长放缓的主要原因。

蒙代尔（1990）利用相似的方法，估计 GDP 对公共资本的弹性为 0.31～0.39。但是，后来的实证研究估计的弹性较低。博姆和利格哈特（Bom and Ligthart，2014）综述认为，GDP 对公共资本的短期弹性约为 0.08，长期弹性约为 0.12。

还有一些学者利用不同区域、行业对基础设施的依赖程度差异估计公共投资的相对乘数。费尔纳德（Fernald，1999）将交通服务纳入各行业的生产函数，利用各行业对交通依赖程度的差异，估计美国州际高速公路对经济的影响。他发现在生产函数中，总产出对交通基础设施的弹性为 0.35，与阿斯肖尔（1989）的估计结果类似。但严格来说，费尔纳德估计的是控制了宏观（全国、全行业）乘数后的相对乘数。勒夫·亚夫（Leff-Yaffe，2019）利用各州面板数据和交通拨款的文本证据估计美国州际高速公路对经济的影响，发现国会向一州的州际高速公路拨款，会导致该州加快建设与州际高速公路连接的州内公路。由此估计得到州际高速公路的长期（相对）乘数为 1.8。乐多克和威尔森（Leduc and Wilson，2013）估计了 20 世纪 90 年代以来联邦高速公路拨款对各州经济的影响，得到的长期乘数大约为 2。

宏观实证研究中，估计总产出对公共资本的弹性主要面临两大挑战。一是需要对生产函数中的弹性与一般均衡稳态下的弹性加以区分。在生产函数中，总产出对公共资本的弹性是给定全要素生产率、劳动力、私人资本投入不变时，公共资本增加 1% 导致的总产出增幅。在一般均衡稳态下，公共资本增加会导致稳态的劳动力、私人资本投入增加，估计得到的总产出对公共资本的弹性会大于生产函数中的弹性。实证中，全要素生产率、劳动力、私人资本、公共资本都是内生变量，直接将总产出对以上变量进行回归面临伪回归（spurious regression）、总产出会对要素投入产生动态反馈等问题。弗吕托和佩雷拉（Frutos and Pereira，1999）利用结构向量自回归模型估计了一阶差分后的生产函数，利用 Cholesky 分解识别公共资本的外生变动，估计得到总产出对公共资本的长期弹性为 0.63。利用包含公共投资的新古典增长模型，可以得到两个弹性之间的对应关系。经过这个对应关系的调整后，估计得到的生产函数中的总产出对公共资本的弹性为 0.39，与阿斯肖尔（1989）的估计一致。

二是恰当地处理公共资本的内生性。随着全要素生产率提高，包含公共资本在内的所有要素的边际回报都会上升，导致私人投资、公共投资和总产出同时会增加。因此，常规方法（总产出对劳动力和私人资本回归的残差）估计的全要素生产率对公共资本的回归系数（理论上等于生产函数中总产出对公共资本的弹性）会被高估。为了降低这种偏差，需要在估计全要素生产率的过程中尽可能控制各方面的要素投入。布瓦克斯等（Bouakez et al.，2017）构造了研发资本和人力资本存量的序列，发现全要素生产率、公共资本、研发资本、人力资本之间存在协整关系，这意味着全要素生产率在长期中的大部分变动可以被公共资本、研发资本和人力资本所解释。由此估计得到的总产出对公共资本的弹性为0.065。

利用面板数据估计相对乘数可以一定程度缓解以上两大挑战。但是，与地方政府支乘数类似，相对乘数毕竟不同于绝对乘数，并不一定能对绝对乘数提供有意义的参考。首先，基建投资对不同的地域和行业的影响差异可能是结构性的，为地域和行业的特性所决定。增加基础设施投资，会使依赖基础设施的行业、地域获利更多，较少依赖基础设施的地域和行业获利则较少，这样的政策或许有利于提高产出，但对社会福利和公平的影响则并不清楚。其次，不同地域和行业的经济规模差异巨大。基建投资对经济总量较大的地域和行业的提振作用或许较小。例如，交通基础设施对面积较小但与其他地方毗邻的地方具有较大的提振作用。但是，较小的面积意味着在当地修路的规模有限，过度修路很快将面临边际回报递减（Fernald，1999）。

2008年金融危机后，关于发达国家尤其是美国基础设施严重落后的批评越来越多。例如，美国市政工程师协会的一份报告（ASCE，2017）给美国基础设施D+的评分，萨默斯等知名经济学家经常以纽约肯尼迪国际机场等为例，批评美国交通基础设施严重老化，2016年美国民主共和两党竞选纲领都主张美国基础设施亟待加强。然而，对美国基础设施现状的评估显示，美国的交通基础设施状况总体处于工业七国（G7）平均水平之上，其中道路联通性、机场联通性和轮船联通性都是G7中最好的，仅有铁路密度相对较低。但考虑到美国地广人稀的现实情况，增大铁路密度未必划算。迪朗东等（Duranton et al.，2020）对美国交通基础设施的质量进行了深入的分析。利用美国交通部提供的路况数据，他们发现20世纪80年代至今，美国道路的平整程度随着时间推移不断改善，车辆行驶中的颠簸不断降低，事故率也在逐渐下降。利用政府统计的其他微观数据，他们还发现，20世纪90年代以来美国桥梁的维护状况基本维持不变，公共交通车辆的平均年龄稳中有降、容量增大，地铁车辆的平均年龄基本不变。基于上述事实，他们指出美国交通基础设施并未出现严重的老化，总体看反而还在不断改善。他们认为，人们对公路、机场等基础设施“老化”的批评主要是因为随着美国人口增长，交通变得越来越拥挤，道路平均速度下降，机场拥堵增多，给人以不愉快的感受，但这种感受与基础设施的物理状况并没有关系。

以上分析主要是从宏观经济学的视角研究基础设施和公共投资效率。还有一支重要的文献从微观的视角看基础设施对经济的影响。这支文献主要是在区域、行业等微观尺度上，识别基建项目与经济影响之间的因果关系。钱德拉和汤普森（Chandra and Thompson，2000）研究了美国州际高速公路对途经农村地区经济活动的影响，发现高速公路促进了毗邻地区的经济活动，但同时也拖累了离公路稍远地区的经济活动，两方面影响几乎完全抵消。鲍姆·斯诺（Baum Snow，2007）发现20世纪50年代至90年代美国大城市的去中心化几乎完全可以被辐射状州际高速公路的建设所解释。这些辐射状的公路促进了城市旧中心与新兴郊区之间的交通，经济活动逐渐从拥挤的城中心向郊区转移。鲍姆·斯诺等（2017）研究了中国20世纪90年代以来高速公路和铁路建设对城市经济活动分布的影响，发现每条辐射状公路会使4%的中心城区人口转移到临近地区，每条环路会使20%的人口向环路之外迁移，每条辐射状铁路会使中心城区的工业产出减少20%，每条环线铁路会使中心城区的工业产出减少50%。但是交通基础设施对经济活动的总量几乎没有影响：1990～2010年，中国主要大城市的就业和经济产出与城市高速公路的里程并没有因果关系。还有一些学者研究了基础设施总量和拥堵之间的关系。雷丁和特纳（Redding and Turner，2015）综述了相关文献，发现多修路并不能缓解交通拥堵。城市道路里程增加1%，会在很短时间内导致车辆行驶里程（VMT）增加1%。因此，新建道路往往会导致出行需求随之增加，很快会吸收新建道路的通行能力，而不能提高车辆通行的速度。迪朗东和特纳（Duranton and Turner，2018）综述文献发现，只有通过交通管制等直接干预需求的办法，才能缓解交通堵塞。总体看，关于交通基础设施的微观研究发现交通基础设施对经济活动主要影响是改变经济活动的地理分布，而对经济活动的总量的影响则并不显著。

基建投资的效率不仅取决于其（社会）回报，还取决于其成本。融资成本是基建投资成本的重要组成部分之一，也是宏观经济文献中最关注的成本。直观来说，由于基础设施的建设、运营往往长达数十年，融资成本越低，基础设施中长期回报的现值就越大，基建投资的净现值就越高。2008年金融危机后，发达国家经济复苏乏力，深陷低增长、低通胀、低利率的“长期停滞”（secular stagnation）泥潭。主要央行纷纷将利率降至“零下限”并利用前瞻指引、量化宽松等非常规货币政策工具进一步提高宽松力度。长期利率降至历史低点，使得许多长期基础设施投资变得有利可图。弗曼和萨默斯（Furman and Summers，2020）主张美国应当充分利用低利率大规模增加基础设施投资。从净现值的逻辑思考基建投资决策固然没有错，但现实中，融资成本只是基建投资成本的一部分。

在建设过程中，基建投资经常会遇到超支的情况，建成时的开支往往会显著超过最初的预算。导致超支的一种原因是承包商与政府在签订项目合同后要求重新谈判增加预算（renegotiation）。在项目招标阶段，有多个承包商竞标，承包商在竞争压力下有动机降低预算报价以中标。但是，一旦政府选定承包商并与之签订建设协议，中标的承包商就不再面临竞争，与政府博弈的能力大为提高。尤其是基建项目建设往往需要较长时间，且在规划阶段通常难以准确预料到开工后可能发生的各种变化。承包商有动机利用其信息优势对政府“敲竹杠”（hold-up），在项目开工后以各种理由要求增加预算。政府则往往无法接受项目长期停工的代价，结果是只能同意追加预算。例如，地铁隧道挖掘过程中意外遇到障碍时，政府放弃项目基本是不可接受的，因而很难拒绝承包商追加预算，以绕开或突破障碍的提议。还有一种导致超支的原因是被拆迁居民坐地起价要求更高补偿。如果被拆迁居民有效组织起来，可能大幅提高拆迁要价。预算超支最著名的例子是美国波士顿中心隧道工程（Big Dig）。这项1.5英里长的公路改隧道工程1982年便开始规划，预算为28亿美元。直到1991年，项目才真正开工。直到2007年项目主体工程才基本完工。实际耗资150亿美元，超过最初预算的5倍，加上利息支出后更是高达220亿美元。中国城市道路、地铁等基础设施建设中，拆迁不力容易导致项目成本持续上升。个别住户拒绝按照政府给予的条件拆迁，就形成了具有中国特色的“钉子户”现象。极端情况下，钉子户会导致基建项目被迫绕行，提高成本，极端情况下甚至可能导致项目长期无法竣工。例如，北京地铁14号线东段已于2015年12月通车，但陶然桥站因为前期未能妥善解决拆迁问题，2022年底前无法开通，地铁只能通过该站不停车。

建成后，基建投资还需要持续进行维护，此外，资本存量还会不断折旧。高速公路、公共交通等基础设施的维护成本在逐年上升。布鲁克斯和里斯克（Brooks and Liscow，2019）估计，1960～1995 年，美国州际高速公路每年的维护成本从 2000 万美元/英里上涨到 7000 万美元/英里，平均每年上涨 7%。此外，基建投资还可能因为政治、法律、监管等约束而无法实行，成本并不一定是最重要的考虑。

基建投资对发展中国家经济增长的作用理应比发达国家更加显著。发展中国家初始资本存量低，例如，拉美人均基础设施资本存量仅为北美的 1/4，亚洲新兴经济体人均基础设施资本存量仅为亚洲发达经济体的 1/5（Henry and Gardner，2019）。从新古典增长模型看，发展中国家基建投资的边际回报应当更高。伊斯基耶多等（Izquierdo et al.，2019）利用国别数据检验了初始资本存量与政府投资乘数的关系，发现初始公共资本存量更低的国家，政府投资乘数更高。伊尔泽茨基等（Ilzetzki et al.，2013）对 44 个国家的经验研究表明，发展中国家的政府投资乘数显著为正，在中期接近于 1，而政府消费乘数中期看不显著高于 0，与发达国家政府消费乘数高于政府投资乘数相反。但是，上述关于政府投资乘数跨国比较并不能证明发展中国家的基础设施值得投资。亨利和加德纳（Henry and Gardner，2019）强调，发展中国家基建投资正确的评价标准是比较其社会回报与发展中国家的私人投资回报和发达国家的私人投资回报的差异。只有当一国基建投资社会回报高于该国的私人投资回报时，基建投资才是有效率的；只有当一国基建投资社会回报高于发达国家的私人投资回报时，基建投资才有可能获得发达国家投资。他们分析了 53 个发展中国家的电力和公路基础设施投资回报，其中包括 26 个国家的电力基础设施回报和 49 个国家的公路基础设施回报。以上 75 项基础设施中，仅有 39 项的社会回报（分属 32 个国家）同时高于本国私人投资回报和发达国家私人投资回报。因此，上述 32 个国家之外的 21 个发展中国家并不是基建投资的好地方。而且，在上述 32 个国家中，只有 7 个国家（阿根廷、波利维亚、洪都拉斯、肯尼亚、马拉维、印度尼西亚、菲律宾）的电力和公路基础设施社会回报同时满足以上两个条件，因此只有这 7 个国家的基础设施具有较强投资吸引力。当然，这 7 个国家的基础设施投资回报都非常高，提供的超额收益相当于新兴市场股票的 5 倍。

发展中国家基础设施建设还面临更多额外的挑战。文献指出，相比发达国家，发展中国家基建更加容易面临腐败、成本超支等问题。由于政府财力有限，发展中国家基建投资往往以政府和私人资本合作（Public Private Partnership，PPP）的模式进行。在PPP模式中，政府挑选有资质和能力的私人资本参与基建项目的建设和运营。对于治理能力较高的政府来说，PPP模式有助于降低财政负担，利用有限的财力实现更多的基建项目。但是，如果政府治理能力较弱，私人资本有动机通过贿赂政府官员，以提高中标概率、项目报价或收费标准。因此，政府治理能力限制了基础设施私人运营的空间。基础设施的融资模式和收费方式与运营方式息息相关。如果基础设施通过未来收费偿还建设成本，且服务质量可被使用者所观察到，则让私人运营有助于更好地维护该基础设施。反之，如果服务质量无法观察，或管理费用不与该基础设施的使用量挂钩，则不应让私人运营，因为其缺乏改善服务质量或设施维护的激励。

3.6 中国政府支出乘数

中国政府支出乘数的实证分析，由于估计方法和测度变量选取的差异，得到的政府支出乘数估计范围很宽——从与0无显著差异到显著大于1不等。近年来，国内学者也开始关注中国政府支出乘数的状态依赖特征。例如，陈诗一和陈登科（2019）用艾尔巴赫和戈罗德尼琴科（Auerbach and Gorodnichenko，2012）的平滑机制转换结构向量自回归模型（smooth transition，SVAR）估计中国的月度经济数据，发现中国政府支出乘数是逆周期的，经济低迷时期的乘数是经济繁荣时期的2.3倍。

也有学者发现中国政府支出乘数具有时变特征。例如，陈创练等（2019）基于1978~2015年的年度数据估计有时变系数和随机波动率的结构向量自回归模型（TVP-SV-SVAR），发现中国政府消费和投资支出的冲击乘数、时变累积乘数以及时变现值乘数均呈下降趋势，并基于DSGE模型解释乘数下降主要是政府投资回报率下降的结果。与陈创练等（2019）类似，毛锐等（2018）基于结构向量自回归模型（SVAR）对比2008年前后的估计结果发现，2008年之前政府投资会挤入私人投资，2008年之后则会挤出私人投资，使得政府投资乘数在2008年以后下降。

在估计中国地方财政乘数方面，陈等（Chen et al.，2017）、郭等（Guo et al.，2016）、李明和李德刚（2018）是三篇代表性研究。前两篇文章发现中国地方财政乘数小于 1，第三篇文章发现乘数约在 1.15 到 1.46 区间内，结论不一。究其原因，陈等（2017）基于 2001～2015 年的省级数据，用省领导的政治激励作为财政支出的工具变量，将省级经济增长回归到省政府财政支出和该省社会融资总量增速上得到财政支出乘数。这样估计得到的财政乘数可能有比较大的估计误差，因为地方官员的政治激励会同时影响财政支出和当地的社会融资总量，带来多重共线性问题。郭等（2016）基于 2001～2009 年的县级数据，用国家级贫困县的转移支付作为政府支出的工具变量，估计得到中国地方财政乘数为 0.6。王和文（Wang and Wen，2017）将郭等（2016）的结果归因于他们没有考虑到省际的溢出效应。然而，他们的结果可能还存在内生性的问题，因为县级产出增速和他们选取的工具变量高度负相关，这会导致他们估计的结果偏低。这个判断可以被李明和李德刚（2018）的发现辅证，因为他们之所以得到显著大于 1 的地方财政乘数，是因为用了外生性更强的工具变量——2000 年底，民族地区转移支付制度确立。

3.7 总　　结

总体来说，现有文献对中国政府支出乘数的研究刚刚起步，国家和地方层面乘数的研究都存在重要缺口。国家层面政府支出乘数的研究主要问题在于没有足够关注其时变特征、状态依赖特征以及支出构成对于政策效果的影响。一方面，中国自改革开放以来在经济结构和政策体制两方面都经历了重大变革，研究政府支出乘数如何随时间变化是科学评估财政政策效果的先决条件。另一方面，虽然相比世界其他国家，中国自 1978 年以来一直在经历高速增长，但是随着对外开放程度不断提高，中国经济难免受到以全球金融危机为代表的外部冲击的影响，也存在经济繁荣和低迷的周期性变化。因此，探究中国政府支出乘数的状态依赖特征有助于提升财政政策在经济下行时期的刺激效果，具有重要的政策意义。

文献对于地方财政乘数的关注不足，基于地方财政乘数探究中国特色的财政政策传导机制的研究更为罕见。地方政府在财政政策执行中扮演重要角色（中国财政支出中超过70%由地方政府承担），且各省经济表现存在较大差异。另外，中国财政政策的制定和执行存在一些不同于发达国家的重要特征，比如财政支出周期与中国政治周期高度相关；财政支出中的基建占比高于发达国家水平；地方政府债务发行受到严格限制，不得不依赖预算外收入来支持财政支出，进而导致中国特有的土地财政现象。科学地估计地方财政乘数、探究中国特有的因素对其影响，不仅对理论研究有启示意义、可能带来学术创新，也对制定合理的财政支出政策、提高政策绩效有重要的借鉴意义。

最后，基建投资是中国各级政府依赖的带动经济增长的方式，虽然其资金不完全来自财政支出，但与财政扩张关系紧密。因此，准确估计基建投资乘数对于财政政策加力提效具有重要的参考意义。现有关于基建研究学术研究集中在理论层面，对基建投资在长期对经济的提振作用给予了正面评价。为了最大化基建投资对经济的长期提振作用，需要对基础设施的发展进行仔细的长期规划，优化基建投资决策过程。为了减轻基建投资的财政负担，可考虑以PPP等模式引入私人资本。为了鼓励基建投资、改善服务质量，需要合理设计基建投资的融资模式和收费模式，为私人参与基建投资和维护基础设施提供合理的激励。但是，由于下列几方面问题，基建投资可能并不是短期促进经济从衰退中复苏的最佳对策。第一，基建投资在投资前需要经过较长的研究、立项、论证、规划等过程，这种执行时滞（implementation lag）会显著削弱基建投资稳定短期增长的能力。第二，基建投资在长期中可能通过发挥正外部性，对私人投资产生挤入，但短期中，基建投资对资本品的需求会上升，对私人投资的挤出效果更加明显。第三，基建投资消耗财政资源，未来需要通过加税、减支等方式进行融资，可能挤出居民消费。这些都是针对中国以外的其他国家研究得到的国际经验，这些经验是否适用、中国基建投资的效果是否受到与中国独特的制度体制相关的因素影响，都是值得研究的方向。

第4章

中国财政政策

4.1 中国财税制度演进简史

新中国成立以来，财税制度的演进大体可以分为三个时期：1949～1978年改革前的财政体制；1979～1993年的财政承包制；1994年至今实行的分税制改革。

1. 1949～1978年改革前的财政体制

在中华人民共和国成立后的前30年（1949～1978年），计划、财政和行政管理的集中化占主导地位。在这一制度下所有关于人民需要的决定都是由上级做出的。财政收入由地方政府征收，并归中央所有。综合预算制度禁止地方政府进行自由裁量。大量研究认为在当时中国处于前工业化、各方面都不发达的条件下，中央计划体制是有效的（Lardy，1978；Wong et al.，1995；Wong，2000）。

这一时期的税收制度很粗糙，没有个人所得税或公司所得税，仅有来自国有企业的利润上缴。国有企业的盈利能力由国家定价来保证。20世纪70年代末，国有企业的利润占政府总收入的近一半。由于纳税人相对较少，且主要是国有企业，税收管理非常简单，由地方政府负责。由于价格固定，产销有计划，国有企业的账目很容易监控，收入也很容易确定（Wong，2000）。

政府支出在这一时期基本上由中央决定。在统一的预算制度下，中央政府确定支出的优先顺序，根据地方的支出需要批准地方预算，并确定公务员的工资标准、养老金和失业金、教育和医疗标准等。在没有独立预算的情况下，各级地方政府缺乏自由裁量支出的权力，它们是与国有企业相同的预算单位，只是中央政府的代理人。具体到支出责任划分：中央政府负责国防、经济发展（资本支出、研发、大学和研究机构）、产业政策和国家机构的管理；各级地方政府负责提供日常公共管理和社会服务，如中小学教育、公共安全、医疗保健、社会保障、住房和其他地方和城市服务。

由于地方财政来自中央预算，政府间转移支付的目的是弥补地方税收和支出之间的资金缺口，地方收入超过支出的部分上缴中央，不足部分自动补足。这种转移支付制度具有高度的再分配性。例如，上海需要上交 80%～90% 的收入，而贵州却能从中央补贴中获得 2/3 以上的支出。

这一时期的财政制度在当时特定的经济环境下是简单而有效的，但对地方政府或国有企业的激励严重不足。党中央从 1979 年开始将目光投向市场经济，逐渐打破了包括国有企业垄断地位和价格管制在内的计划经济体制。与计划经济体制相适应的财税制度也逐渐走向崩溃的边缘。改革开放前，国有企业利润是财政制度的基础；改革开放以后，面对蓬勃发展的民营部门日益激烈的竞争，以及由此带来的工资和资源价格的上涨，税收基础发生了动摇。此外，由于各种所有制形式的企业激增，税收管理面临巨大挑战。因此，从 1979 年开始，财税体制经历了多次改革。

2. 1979～1993 年的财政承包制

1979～1993 年，财税体制经历了一系列“放权让利”的改革，通过提高地方政府在履行财政职能方面的自主权，促进地方经济发展，同时也为中央政府保留适当的财政控制权。然而，在中央政府将权力和责任下放到各级政府的过程中，各级政府之间就财政收入分配和支出责任的划分进行了复杂的博弈。这一时期的财政改革在 1980 年、1985 年和 1988 年，先后推出了三种不同的改革方案。在此期间，为调动企业和个人的生产积极性，国家和企业的分配关系也经历了一系列“放权让利”的改革。

（1）1979～1984 年期间。1980 年，高度集中的体制被“划分收支、分级包干”制度所取代。从此，中央和省级政府开始各自“分灶吃饭”，为各级政府提供了征收财政收入的动力。在这一制度下，中央与省的分享规则由中央政府制定；省与县的关系由省来管理；这一原则也同样适用于县和乡级政府。改革后的收入有三种基本类型：中央固定收入、地方固定收入和共享收入。共享收入的 20% 上缴中央政府，20% 由地方政府保留。所有税种的税基和税率，无论是共享税还是固定税，都由中央政府决定。

对于国有企业，为了扩大其自主权，1979～1982 年之间先后推出了基金制和利润留成制。全国国有企业通过提取企业基金和各种利润留成，增加财力 400 多亿元。当时，每年的财政收入大约 1000 多亿元。基金制和利润留成制大幅提高了国有企业活力和生产积极性，但没有实现国家财政收入的稳定增长，而且不利于国家对宏观经济的控制和重点建设的发展。因此，1983～1984 年推出了两步“利改税”，国家放弃以资产权力为依据的利润上缴方式，改为以政治权力为依据征收所得税，用 80 多个税目的复税率产品税替代了上缴利润核定“一企一策”的做法。

“利改税”方向虽然正确，执行过程中也存在一些问题：①淡化了国家对国有企业的所有权益；②存在“以税挤利”“以税代利”等不妥做法；③“税前还贷”弱化了国有企业的投资约束，形成固定资产投资借款责权脱节的局面，助长固定资产投资规模的盲目膨胀。

（2）1985～1987 年期间。1980～1984 年的税收分配模式加剧了各省之间税收收入的不平等，富裕省份产生了大量盈余，贫困省份则出现了赤字。1985 年，国务院重新设计了收入分享安排，实行“划分税种、核定收支、分级包干、一省一率”的财政体制。根据各省前几年的预算结余情况，制定了不同的税收安排。财政薄弱的省份被允许保留更多的收入，但较富裕的地区，如上海、北京、天津、辽宁、江苏和浙江，则被要求将更多的收入上缴中央。这些地区的财政收入增速普遍低于全国平均水平，因为上缴比例过高抑制了地方扩大税基的热情，还出现了通过各种变相的税收减免“藏富于民”，以隐瞒真实财政收入、减少上缴的现象。为了改变这一时期的财政困境，中央不得不频繁调高地方收入上缴比率，进一步加剧地方的不满，导致中央财政收入进一步减少，从而陷入了中央收入下降，上缴比例变动、地方隐瞒收入，中央收入进一步下降的恶性循环。

在计划价格占主导的情况下，“利改税”推进并不顺利，不合理的定价严重影响了企业利润留存。解决的办法应当是“价、税、财”联动配套改革。但到了 1987 年，党中央放弃了整体协调改革的思路，农村承包制、财政体制“大包干”的做法被引入到国家与企业的分配关系中，大力推行承包制，财政按照“包死基数、确保上交、超收多留、歉收自补”的原则确定分配机制。国家和企业分配关系回到承包模式，意味着改革出现了反复。

（3）1988～1993 年期间。1988～1993 年，财政包干制要求各级政府与下级政府签订合同，以达到一定的收入和支出目标。各级政府被要求通过自创和共享收入来为自己的支出提供资金。与中央的预期结果相反，地方政府一方面采取各种手段造成预算内收入不增长的假象，另一方面采取各种摊派的做法以获取大量预算外甚至是体制外收入，直接导致这一阶段各地乱收费、乱摊派、乱集资之风盛行，严重干扰了正常的财政分配秩序，阻碍了经济健康有序发展。此外，财政包干制按行政隶属关系划分财源和财力使得地方政府对市场和商品流通进行不合理的干预，妨碍了全国统一市场的形成，不利于国家产业结构调整、产业政策实施，而且带来预算外资金膨胀、土地财政兴起和中央财政职能弱化等后果。

对于国有企业，在对利改税和承包制进行利弊分析后，财政部提出“税利分流”的改革设想，即“税利分流、税后还贷、税后承包”。利税分流实现了国家与企业双赢，在稳定了国家与企业之间分配关系的同时，还激发了国有企业经营管理的积极性，企业利润增长较多时，国家多得，企业多留，反之亦然。此外，明确国家既是社会管理者又是国有财产所有者有助于界定政企关系。税利分流改革为下一步全面工商税制改革奠定了基础。

1979～1993 年的一系列财政改革带来了“两个比重”持续下降的严重问题：财政收入占国内生产总值的比重大幅下降，中央财政在财政收入中的比重急剧下降。如图 4.1 所示，中央政府的收入份额从 1988 年的 33% 下降到 1993 年的 22%，通过转移支付缩小地区财政差距的能力被大大削弱、对基本公共服务的支持也受到限制。沿海地区的富裕省份，如广东、上海和山东，由于其经济地位和政治影响力，能够获得更有利的财政安排。这些省份通过保留省内大部分增量收入，积累了大量且不断增长的财政盈余，而中央财政受财力所限，无力缩小地区不平衡。中央在财政收入压力下，不得不将更多的支出责任推给下级政府。因此，地方支出的增长速度远远高于中央支出的增长速度，特别是在失业保险、养老基金和住房补贴方面。地方支出占总支出的比重从 1981 年的 45% 上升到 1993 年的 72%。

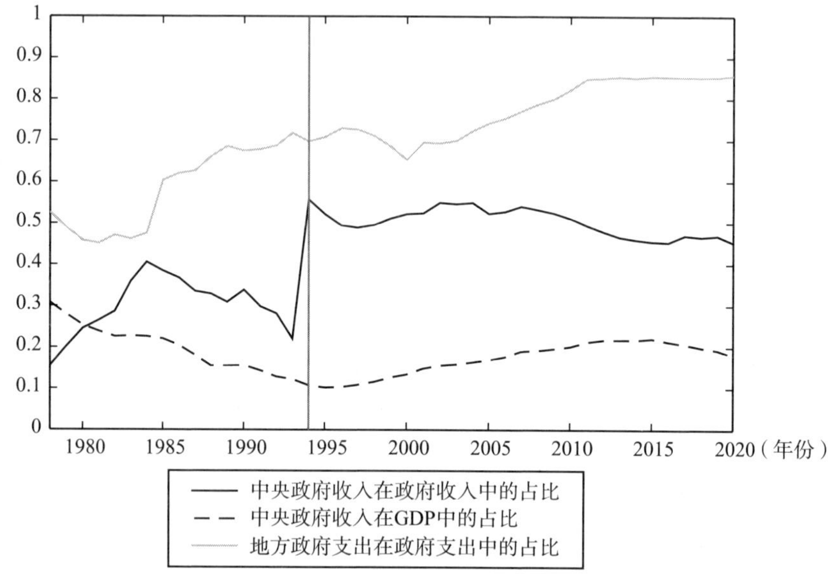

图 4.1　中央政府收入在政府总收入以及 GDP 中的占比

20 世纪 90 年代初，政府间的财政关系出现了不信任的气氛。中央政府认识到，财政收入持续下降的部分原因是地方政府不愿意收税。从地方的角度看，收入分配规则的反复变化是中央对建立稳固的地方财政缺乏坚定承诺的表现。例如，在 20 世纪 80 年代，中央政府多次修改关键部门的所有权，并引入新的征税项目（例如，能源和交通重点建设基金和预算调节基金），以增加其收入份额。地方政府认为无论他们征收税款多少，大部分都会被中央以各种名目收走。因此，他们将大量的收入“巧妙”地转入各种预算外基金（Wong et al.，1995）。

3. 1994 年至今实行的分税制改革

作为分税制改革的基础，1994 年的工商税制改革将两套流转税制改为统一的流转税制，以增值税替代产品税，并在此基础上开征消费税，建立以增值税为核心、辅之以消费税和营业税的新流转税制。其主旨在于，在搭建统一流转税制基础上，利用消费税对部分产品和行业进行调节，以实现总体上税负公平和有重点地调节的有机结合，为市场微观主体的生产经营搭建制度环境。此外，还将过去对国有企业、集体企业和私营企业分别征收的多种所得税合并为统一的内资企业所得税；合并内外两套个人所得征税制度，统一征收个人所得税；调整、撤并和开征其他一些税种，如改革资源税、开征土地增值税等。税种设置由原来的 32 个减为 25 个，初步实现了税制的简化、规范和高效的统一。

1994 年的分税制改革初步构建了社会主义市场经济的税制总体框架。分税制改革的核心是引入税收分配制度，划分中央和省级政府之间的收入分享方式，明确将税收分为中央税、共享税和地方税。中央税包括维护国家权益、实施宏观调控所必需的税种如关税、消费税等八项。共享税包括与经济发展密切相关的主要税种，如增值税、营业税、证券销售印花税、个人所得税、公司所得税。其中增值税在 1993 年占总税收收入的 43%，中央与地方的分享比例为 75∶25。地方税包括适合由地方政府征收和管理的税种，如城市维护建设税、耕地使用税和城镇土地使用税等划为地方税。在税收返还方面，建立了增值税和消费税“两税”返还制度（具体安排详见谢旭人，2008）。

1994 年的分税制改革没有改变事权分配。中央政府负责全国性的服务，包括国防、外交、中央政府机构的运作、宏观经济调控和经济发展的协调，以及为中央政府直接控制的大学、医院、研究机构、报纸、出版社等提供资金。各级地方政府负责提供大部分公共产品和服务（例如教育、医疗卫生、社会福利、公共安全）、发展地方经济（例如城市维护和建设、环境保护、供水），以及各种机构的运作。当然，综合配套改革自然打破了原来行政性分权的事权划分，将部分宏观调控事权收归中央，如两个税务局分设，加强中央管控。再如，金融资源的配置与管理权力上移，相应的货币政策权集中于中央等。

1994 年的分税制改革建立了中央和地方政府之间的财政关系框架，是自 1949 年以来规模最大、对政府间财政关系影响最深远的体制调整。分税制改革的成功主要体现在三个方面。

第一，改善了“两个比重”。分税制改革对中央和地方政府收入来源划分的直接影响是巨大的，最终结束了中央政府依靠地方汇款来筹集资金的局面。如图 4.1 所示，中央政府收入占总收入的比例从 1993 年的 22% 跃升到 1994 年的 56%。虽然 1994 年后这一比例略有下降，但平均水平在 50% 以上，2010 年为 51.1%，之后 10 年略有下降，不过都维持在 45% 以上。而 1978 ~ 1993 年，这一比例均不超过 40%。政府总收入占 GDP 的比重从 1993 年的 12.2% 提高到 2010 年的 20%。值得一提的是，同期国内生产总值也在显著增长，凸显政府收入增速之快。

第二，简化了政府间的财政关系。分税制改革取代了以前的六类财政体制。更加明确和恰当的税种分配，不仅制止了中央和地方政府之间长期存在的财政收入挪用现象，而且为地方政府提供了适当的激励。例如，由于消费税划归中央，而营业税划归地方政府，地方过度扶植税收收益较高的企业，如酒厂和烟草公司的不良激励得到了纠正。

第三，加强了财政控制。国家税务局的成立对一般税收和地方税收减免政策进行了更严格的控制。地方政府对税收管理和中央收入以及共享收入的干预受到了极大的限制。分税制改革取消了省级政府对流转税进行税收减免的权力，任何新的免税措施都必须得到中央的批准，并且必须在纳税申报表中单独报告。

当然，分税制改革不能做到面面俱到。将事权与支出责任划分改革留到长远解决的做法导致地方政府，特别是县乡两级政府负担过重：教育和医疗主要集中在县以及县以下各级政府，然而从对整个社会的溢出效应来看，这些公共服务由中央和省级政府来承担更为合适；政府对社会保障的再分配职能主要由省、地级市管理，然而事实上中央政府在风险集聚和均等化的利益更有优势。此外，事权和支出责任界定模糊导致各级政府在尽可能多地保留收入的同时，将自己的责任往下推，导致底层政府税收收入有限却承担了过多的责任。

4. 2014 年至今：建立现代财政制度

2014 年 6 月，中共中央政治局审议通过《深化财税体制改革总体方案》，为新一轮财税体制改革确立了时间表和路线图。党的十九大进一步提出加快建立现代财政制度，重点推进三大重点改革，打造国家治理现代化的基础和重要支柱。

首先，以“营改增”完善税收制度。从 2012 年 1 月 1 日起开始推行“营改增”，先是在上海市交通运输业和部分现代服务业领域开展试点，2013 年 8 月后扩大到全国。2016 年 5 月 1 日，营业税走下历史舞台。“营改增”进一步减轻了企业税负，促进服务业尤其是科技等高端服务业的发展，促进产业和消费升级、培育新动能、深化供给侧结构性改革，是推进税制走向完善的关键一步。

其次，通过修订《中华人民共和国预算法》（以下简称《预算法》）开启现代预算制度。预算始终是财政收支管理的核心。首部《预算法》于 1995 年 1 月 1 日正式实施，虽然在加强预算制度建设方面取得长足进展，但离现代预算制度还有一定差距。2014 年 8 月新的《中华人民共和国预算法》将一般公共预算、政府性基金预算、国有资本经营预算、社会保险基金预算均纳入预算范畴，完善了政府预算体系。与此同时，针对“四万亿”财政刺激实施中地方政府债务迅速累积的问题，2014 年 10 月，国务院出台《关于加强地方政府性债务管理的意见》，在解决“怎么借”“怎么管”“怎么还”等问题的同时，明确提出妥善处理存量债务的一系列举措，加强地方债务管理，清理规范融资平台，逐步建立规范的举债制度和债务置换制度。

最后，启动事权与支出责任划分改革。1994 年分税制搁置的事权和支出责任改革在 2016 年被重新提出。随着国务院发布《关于推进中央与地方财政事权和支出责任划分改革的指导意见》，一系列明确划分中央和地方事权和支出责任的改革正在酝酿中，主要解决以下三个问题：

（1）事权划分不清晰导致事权缺位和事权越位共存。受传统计划体制影响，我国政府间事权划分的特点是中央制定政策，逐级发号施令，由地方尤其是基层政府负责事权的具体执行，带有浓厚的行政命令色彩。同一项事务多级政府均不同程度参与其中，责任主体不明确，分工不清晰，存在中央和地方职责重叠、省以下财政事权和支出责任划分不规范、交叉重叠事项多等问题（国务院，2016）。许多事权具有正外部性，这类事权往往会出现缺位现象，即政府敷衍塞责。例如，地方政府尤其是基层承担义务教育、社会治安、环保、食品安全等大量事权，但往往不会尽责，甚至可能放松监管以保护本地经济利益。一些中央事权也存在缺位现象，如社保本应由中央管理，实际中却由地方政府负责执行，导致社保体系高度碎片化，影响其公平性和可持续性。还有许多事权具有负外部性，如竞争性领域的监管权，本应属于上级政府，但下放给了下级政府。下级可利用这些事权干预市场，妨碍公平竞争和统一市场，也就是事权不当下放导致地方事权越位。

（2）财权划分不当扭曲地方政府激励，导致地区恶性竞争、公共服务不足、地方债务积累等问题。首先是税基划分不当问题。“营改增”后，地方财政收入的主要来源是增值税和企业所得税这两种生产性税基，占比高达 60%。这种安排有助于激发地方发展经济的积极性，但也会导致地方利用廉价土地、税收返还等价格扭曲手段招商引资，引发地区间恶性竞争。地方高度依赖生产性税基的另一面是地方拥有的消费性税基不足。目前消费税仅针对少量商品且100%归中央财政，房地产税尚无推出时间表，个人所得税40%归地方，但个税在财政收入中占比较低。总体来说，地方政府缺乏从普通百姓手中源源不断汲取财政收入的渠道①，缺乏改善公共服务的积极性。其次是地方预算软约束问题。分税制改革后，地方财政收支矛盾加大。由于中央政府不为地方债务“兜底”的承诺不可置信，地方政府有强烈动机扩大债务规模并通过“制度创新”寻找新的财源（如土地财政、影子银行），推升短期经济表现，债务风险转嫁给下一届政府或中央政府。这种预算软约束问题导致地方债务持续增长。责任向下，财力向上，最后导致债务向上。

（3）转移支付制度不完善导致财政资源错配，协调区域发展、促进公共服务均等化的功能未能充分发挥。转移支付分为一般性转移支付、专项转移支付、税收返还三部分。税收返还是1994年分税制改革为平衡地方利益而做出的制度安排，在转移支付中的占比已逐渐下降。错配在一般性转移支付和专项转移支付中有不同体现。一般性转移支付不限定资金用途，但地方官员在上级考核压力下，会偏向于将资金配置到生产性领域以推动经济增长，公共品支出偏重可视性高的领域如道路桥梁、轨道交通、园林绿化等领域，相对忽视民生领域支出（傅勇、张晏，2007）。专项转移支付由中央指定用途，但需要经过项目申报、资金下达、监督执行诸多环节，难以避免下级信息在上传过程中扭曲失真。拥有信息优势的下级政府因而可以通过申请专项转移支付放松其预算约束，宏观上使财政资源配置偏离上级偏好的目标。

4.2 地方政府财政收入来源

地方政府的收入来源主要有预算内的地方税收收入和预算外收入，具体介绍如下。

1. 预算内的地方税收收入

中国的税收权力很大程度上掌握在中央手中。中央控制税率和税基，

① 地方政府通过房地产开发获取土地出让金（属于政府性基金预算）从根本上说是取之于民，但土地出让是一锤子的买卖，而税是源源不断的收入。

地方政府在确定小税种的税率方面有一定的自由度，但即使是小税种，他们也只能在有限的范围内确定税率。中国的地方财政收入主要包括四个共享税种：增值税、企业所得税、个人所得税和印花税，以及专门的地方税种、行政事业性收费以及其他收入。显然，与中央共享的税收是地方政府的主要税收来源。

2. 预算外收入

改革开放前，地方政府和国有企业的预算外资金很有限。改革开放后，随着"分灶吃饭"和"包干制"的推行，对预算外资金的需求不断膨胀。一系列放权让利改革导致地方政府财政收入减少，而各项经济建设和财政补贴政策使得地方政府财政支出不减反涨，财政赤字快速累积。"税不够，收费补"。1980 年开征"国家能源交通重点建设基金"，1989 年开征"国家预算外调节基金"就是典型的例子。1980 年预算外资金只有 400 亿元，而 1992 年则迅速增长到 3854.92 亿元，占当年全国财政收入的 110.67%。

预算外资金需求的增加还诱发了土地财政的兴起。土地归国家所有，地方政府可以将土地使用权出售给房地产开发商、企业和个人。改革开放初期，1980 年召开的全国城市规划工作会议，正式提出实行城市建设用地综合开发和征收城镇土地使用费，并写入会议纪要由国务院批转下发。1994 年以后，土地出让金收入全部划归地方所有。土地出让收入逐步成为地方政府最重要的预算外收入来源，为地方政府推动经济发展提供资金保障。

地方政府利用土地财政推动地方经济主要体现在其对基础设施投资提供资金。土地财政的关键作用主要体现在两方面。一方面，拍卖土地是地方政府预算外收入的主要来源，获得资金可以直接用来支持基建投资。2019 年地方政府预算外政府性基金收入为 8.1 万亿元，其中 90% 来自卖地收入，而同年地方政府预算内收入约为 10.1 万亿元。另一方面，地方政府可以将土地使用权授予融资平台作为其资产，融资平台也可以从政府土地拍卖中购买土地。无论如何获得土地，融资平台随后都可以将土地作为抵押物获得银行融资。地方政府之所以能够为基础设施投资等大额支出提供资金，主要得益于土地和房产价格的持续升值。当土地价格上涨时，不仅政府卖地收入增加，融资平台的土地资产也会升值，可以利用这些资产获得更多的银行贷款。

总之，地方政府的收入除了税收外，很大一部分是预算外依靠拍卖土地以及以土地为抵押物借债获得的预算外收入。下一节介绍基础设施投资资金来源时，将提供更多关于地方政府融资平台的背景信息。

4.3 基础设施建设投资

中国的基础设施投资通常由政府主导，在促进经济发展中发挥两方面作用。第一个作用是促进经济增长。自 20 世纪 80 年代以来，“要想富、先修路”的发展思路在地方官员中广为流传。地方政府有动力尽可能增加基础设施投资，主要原因是经济增长在政府官员升迁考核中扮演重要角色，而基建投资一直被视为带动地方经济增长最有效的手段，能对当地 GDP 的增长带来立竿见影的作用。大量研究也证实了政治晋升和地方经济增长二者的密切联系（Li and Zhou，2005）。第二个作用是管理经济周期。在经济下行时，中央政府往往借助基础设施投资来支持经济增长，2009 年应对全球金融危机的“4 万亿元”刺激计划就是一个典型的例子。基础设施投资被视为是一种有效的反周期政策工具，因为与政府消费支出相比，政府投资支出可能从提高就业以及生产效率的渠道带来更高的政府支出乘数。因此，基础设施投资是中央和地方政府实施宏观调控的重要政策工具。

基础设施项目主要由地方政府承担，原因是基础设施短期投资回报低，民间资本较少直接参与。地方政府负责筹集基础设施建设投资资金，然而在实施基础设施建设时往往面临紧张的预算和融资约束。2017 年政府预算仅为基础设施划拨了约 2 万亿元人民币，占总预算支出的 12%。2015 年前，法律禁止地方政府发债融资，即使 2015 年后，地方政府可以发行债务，债务融资的规模还是受到了国家层面的严格限制。

中国基础设施投资规模远超过政府划拨的预算，是因为地方政府可以利用一系列金融制度安排获得预算外资金。张军等（2007）认为，1990 年以后，债务融资等预算外收入是地方政府基础设施建设投资的主要资金来源。本节将着重介绍地方政府融资平台（Local Government Financing Vehicles，LGFVs），并对其替代方式——社会资本合作（Public-private Partnership，PPP）和地方政府专项债来对此进行说明。

地方政府融资平台是指实施政府投资项目的地方政府控制的法人实体。大量地方政府融资平台采取“城市建设投资公司”的形式，由地方政府直接设立和经营，其中有一些是现有国企或其子公司，其目的完全是为了投资和资助基础设施项目。具体来讲，融资平台具有如下特征：(1) 地方政府拥有其大部分或者全部所有权；(2) 其管理人员和雇员由地方政府聘用和监督，有些甚至由地方官员直接担任；(3) 地方政府为其提供部分或者全部资产（比如土地、道路和公共设施），并为其从银行或金融市场借款提供显性担保或隐性担保；(4) 其与地方政府签订合同，建设和运营基础设施。

第一批地方政府融资平台成立于 20 世纪 90 年代。地方政府需要建设基础设施，但被法律禁止从银行或金融市场借款。为了规避法律限制，地方政府利用融资平台进行借款。2009～2010 年“4 万亿元”计划刺激下，地方政府的融资平台开始活跃起来。地方政府通过融资平台筹集资金，推动了大规模基础设施项目的建设，对冲了全球金融危机带来的外需下行压力。融资平台往往没有足够的资产或收入流入来偿还所有债务，它们的还款能力在很大程度上取决于地方政府通过资产注入和收入转移提供支持。地方政府对融资平台的支持力度，不仅取决于地方政府财政收支、土地市场状况等财政因素，还受到全国财政政策立场和金融监管等政策因素影响。融资平台不是利润最大化的市场主体，对融资成本不敏感，城投债的收益率也往往高于国债。

地方政府金融平台可以通过多种渠道获得额外的项目融资。银行贷款通常是最重要的融资渠道，其中最主要的是为全国范围内的政府项目提供融资的国家开发银行。国家开发银行于 1994 年由中央政府成立，是一家政策性银行。最初它只为国家级项目提供贷款，如 1994 年的三峡大坝项目。1998 年，国家开发银行与芜湖市政府所属的芜湖建设投资有限公司签订了 11 亿元人民币、为期 10 年的一揽子贷款，用于资助当地 6 个基础设施投资项目。该笔贷款由芜湖市政府提供担保。“芜湖模式”开启了银行向地方政府融资平台提供贷款、以支持地方政府的基础设施投资的先河（詹夏来，2014）。

在银行间市场快速扩张的背景下，地方政府融资平台于 21 世纪初期开始发行债券，即城投债。自此，城投债迅速成长为国内债券市场上的一个子资产类别。融资平台也可以通过发行公司债券或从股票市场获得市场融资。除此以外，融资平台还可以从影子银行系统获得融资，或向海外市场发行债券获得外部融资。融资平台显著增加了地方政府可用于基础设施投资的金融资源，往往数倍于财政预算中的基础设施投资支出。不过地方政府融资平台是一把“双刃剑”，一方面帮助地方政府扩大基础设施投资规模，另一方面也积累了大量的准财政债务，最终成为中央和地方政府的负担和金融系统的重要风险。

针对融资平台债务风险问题，2014 年，国务院发布了《关于加强地方政府性债务管理的意见》，禁止融资平台以地方政府名义发行新债，同时取消了对地方政府直接借款的禁令，允许地方政府在债务不触及上限和中央政府批准的情况下发行债券。该意见还提倡使用社会资本合作（PPP）作为公共投资的新模式。推广 PPP 模式的目的，是鼓励私营企业和金融部门投资的基础设施，缓解政府的直接债务风险。PPP 项目通常由特殊目的机构（Special Purpose Vehicles，SPVs）实施，这些机构由私人设立，私人独有或与政府共同拥有。SPV 与政府签订合同，实施投资项目。作为回报，它们直接从政府或从项目中获得收入（如道路收费）。SPV 可以利用这些未来的收入来源获取融资。原则上，政府不对 SPV 的任何债务负责。

另外一种代替地方政府融资平台的融资模式为发行地方债。2014 年《中华人民共和国预算法》修订后，地方政府可以发行债券，但须满足年度债务上限和中央政府的批准。同年，政府启动了大规模的债务置换计划，允许地方政府发行债券来置换城投债和其他地方政府隐性债务。地方政府债券分为两种：一是一般债券，用于一般公共预算赤字的融资；二是专项债券，用于一般公共预算之外的公共资本支出的融资。中央政府通过在年度预算中设定国债和省债上限，对地方政府债务进行管理。新增专项债券限额从 2016 年的 0.4 万亿元人民币迅速增加到 2017 年的 0.8 万亿元，2018 年进一步增加到 1.35 万亿元，以适应地方政府对基础设施投资的融资需求。

4.4 货币政策演进简史

中国金融系统和货币政策改革几乎同步进行，其发展历史可以分为三个时期：中央计划经济的信贷计划时期（1949～1978 年）、以信贷总量管理为基础的直接控制时期（1979～1997 年）和货币信贷总量间接控制时期（1998 年至今）。

1949 年后，中国金融系统经历了一系列社会主义改造后，形成了仅有中国人民银行一家银行的金融体系。1978 年以前，中国人民银行隶属于财政部。在中央计划体制下，国家计委编制中央计划，其中包括信贷计划。中国人民银行在信贷计划下开展业务，将信贷分配给国家和地方政府确定的重点部门和项目，主要在重工业部门。信贷计划的主要目标是为工商业提供周转资金，以满足五年计划和年度投资计划的需求，因此，中国人民银行在控制货币供应方面只发挥了有限的作用。

1978 年初，中国人民银行从财政部分离出来，既是中央银行又是商业银行。从 20 世纪 70 年代末开始，中国逐步重建金融体系、商业银行和保险公司，从 20 世纪 90 年代初开始重建股票市场。在此过程中，中国银行、中国建设银行、中国农业银行和中国工商银行先后成为独立的国有商业银行，分别向外贸部门、基础设施建设、农业部门和工商业部门提供贷款。1984 年初，中国人民银行开始专门行使中央银行职能。新的中国人民银行仍然在国务院的直接指导和监督下开展工作，但开始承担货币政策制定和金融监管的重要职能。为了适应改革开放带来的金融和经济环境的变化，中国人民银行开始控制信贷规模和货币供应量。中国人民银行将信贷规模作为其主要的中间目标，不仅规定了银行信贷总额的年度增长目标，还规定了对各省和各行业的信贷分配。中国人民银行通过直接控制银行系统的信贷量，向国有企业输送补贴，成为实质上的财政政策实施工具。这一时期，中国人民银行还开始尝试新的货币政策实施方法，包括从 1987 年开始编制货币供应计划，从 1989 年开始制定全社会信贷计划。

1995 年初，全国人大通过了《中华人民共和国中国人民银行法》。根据该法，中国人民银行的职责是在国务院的领导下，制定和执行货币政策，防范和化解金融风险，维护金融稳定。由于业务受到国务院领导，中国人民银行并非西方意义上的独立的中央银行。

1998 年初，中国人民银行取消了对银行信贷的直接控制。虽然央行仍然公布年度信贷计划，但建立了一个间接的货币信贷管理框架，主要利用公开市场业务（OMO）、法定存款准备金率（RRR）、央行贷款和再贴现窗口等一系列新工具来调节货币供应总量和银行信贷量。1998～2017 年，中国人民银行把 M2 供给增速作为目标，用来控制银行贷款总量、促进投资驱动经济。随着金融体系日益复杂化，M2 和新增银行贷款的相关性下降，央行编制了一个新的指标——实体经济融资总量（Aggregate Financing to the Real Economy，AFRE），也称为社会融资总额，以衡量金融部门对实体部门的支持。

2000 年以后，货币政策框架的改革主要在推进利率市场化方面。2007 年，中国人民银行重建了银行间市场，上海银行间拆借利率（Shanghai Interbank Offering Rate，SHIBOR）成为衡量银行间市场流动性状况的重要参数。2015 年底，中国人民银行取消了除存款利率外，对商业银行利率的限制。未来，中国人民银行将选择短期利率作为主要货币政策工具或操作目标，实现从数量型工具到价格型工具的转变。2016 年公布的《中华人民共和国国民经济和社会发展第十三个五年规划纲要》（以下简称《规划纲要》）开始了对这一转型的讨论外。除了对货币政策的讨论外，《规划纲要》还勾勒出了以货币为支撑、以金融改革和促进消费增长为特征的经济新常态。从 2017 年 12 月开始，政府工作报告不再明确规定 M2 增长目标，标志着货币政策从数量型逐步向利率型过渡。

4.5 区域分权专制制度

许成钢（2011）将中国中央和地方的关系总结为区域分权专制制度（Regional Decentralized Authoritarian，RDA），强调该模式的特点是政治上的集权和经济上的区域分权相结合。一方面，中央政府在政治和人事管理方面高度集权。地方政府官员的任命权在中央政府手中，地方官员因而有动力服从中央政府决策。另一方面，各级地方政府是国家的实际治理者，地方政府承担超过 70% 的政府支出，其中省以下的地方政府承担 50%。地方经济（省、市、县）是相对独立的，地方政府全面负责发起和实施改革，提供公共服务，并在其管辖范围内制定和执行法律。这一特点又将中国经济与典型的中央计划经济区别开来。

政治和人事任命集权、经济治理分权的模式下，中央政府负责控制和协调地方政府官员行动，地方政府则按照中央决定的发展规划实施具体的改革和经济发展方案。一方面，地方官员控制大量的资源，在辖区内有很大的自主权。另一方面，地方官员的政治前途掌握在中央政府手中。由于经济发展是衡量官员能力的重要维度，地方官员为了政治晋升，有动力尽可能调动辖区内的资源促进当地经济发展。文献将此现象描述为地方官员"晋升锦标赛"（周黎安，2007）。区域分权程度难以直接测度，大量研究利用财政分权作为代理变量，发现财政分权对中国经济发展有积极贡献（Lin and Liu，2000）。

区域分权专制制度也存在弊端。中央政府给予地方政府较大的自由裁量权，有助于调动地方积极性，促进经济发展这一地方和中央的共同利益。但是，中央和地方之间也存在信息不对称，地方官员比中央官员对地方实际情况更了解，中央对地方官员的监督也不完全到位。由于存在这种信息不对称，地方官员不总是对中央政策绝对服从，即"上有政策，下有对策"，腐败问题也时常出现。白、谢和宋（Bai，Hsieh and Song，2020）指出，区域分权专制制度在激发了地方官员企业家精神的同时，也滋生了腐败。地方官员在充分调动地方资源、推动地方经济发展的过程中，会和一部分私人企业建立起特殊关系，竭尽全力为这些企业提供帮助，如放松对这些企业的行政管制，游说中央政府提供有利于这些企业发展的优惠政策，提供更为便利或低于市场价的基础设施服务，甚至限制这些企业的竞争对手在当地发展等。地方官员扶植特殊关系企业，不仅能带动当地经济发展，也给官员获取灰色收入创造空间。

除了滋生腐败以外，区域分权专制制度还可能通过"层层加码"的机制扭曲中央的政策。中国政府从中央到地方包括中央、省级、市、县和乡五个层级。中央政策通过层层分包给地方政府落到实处。由于每一级政府官员都在各自层级参与"政治晋升锦标赛"，中央政策在落地的过程中往往会出现逐级放大的效果。比如，对比中央和地方五年规划中的经济增长目标可以发现，绝大部分省市级政府的增长目标会高于中央目标（周黎安、刘冲、厉行和翁翕，2015）。研究表明地方上的层层放大机制会带来一系列问题：财政支出结构的扭曲（傅勇、张晏，2007）、区域市场分割与重复建设（周黎安，2004）、过度的基础设施投资（王贤彬、徐现祥，2009）、放松环保监管的"逐底竞争"（朱平芳等，2011）、抑制服务业结构升级（余泳泽、潘妍，2019）、扭曲资源配置、降低全要素生产率（余泳泽、刘大勇和龚宇，2019）。

4.6 中小银行与地方政府

以城商行、农商行、农信社为代表的中小银行是我国金融体系的重要组成部分，国家支持、发展、引导中小银行的政策持续推出并不断完善。以城商行为例，1978 年改革开放后，城市信用合作社迅速发展。为化解城信社的金融风险，1993 年国务院发布《关于金融体制改革的决定》，提出在城信社的基础上发展城市合作银行，进行股份制改革。针对城商行发展中出现的问题，2004 年《城市商业银行监管与发展纲要》出台，对城商行的公司治理机制、资本金补充机制、风险控制机制等提出了具体的改革要求。此后，国家不断出台相关政策支持中小银行发展，以服务地方与中小企业。在政府的支持与监管部门的指导下，中小银行深化产权改革，建立市场化公司治理机制，并按照市场化原则推动联合重组。

中小银行的发展，在支持地方与乡村经济、助力民营企业和小微企业发展、满足居民多样化金融需求、化解地方金融风险等方面均发挥了积极作用。但是近年来，一些中小银行经营状况恶化，市场化程度和活力不够，服务实体经济能力不足的问题凸显出来。部分机构出现贷款集中度高、大股东占用资金或不当关联交易等现象。一些银行依赖同业业务，导致资金“脱实入虚”，阻碍资金有效流入实体经济。2018 年“去杠杆”开始后，影子银行治理趋严，部分机构同业业务受到冲击，风险暴露，中小银行经营困境成为舆论关注焦点。2019 年 5 月，包商银行因严重信用风险被银保监会接管，成为继 1998 年海南发展银行被人民银行宣布关闭后第一家被监管机构接管的商业银行。此后，锦州银行、恒丰银行等也陆续爆发风险事件。

中小银行市场化程度较低，主要原因是地方政府对其商业活动的干预过多。从发展历史看，众多中小银行本身就是在地方政府的支持下发展起来的。地方政府也曾为中小银行的风险处置与财务重组提供了有力的支持，有效化解中小银行经营风险。以城商行为例，2003 ~ 2010 年共有 60 余家城商行在地方政府的主导下完成财务重组，累计处置不良资产近 2000 亿元。在城商行重组过程中，地方政府提供了财政注资、增资扩股、税收减免等多项支持措施，消化其不良资产。①

但在风险应对告一阶段后，地方政府干预中小银行的负面效应不断累积，延缓其市场化进程。城商行、农商行多由地方政府占据控股地位，地方政府对其高管具有人事任命权，对其金融资源具有直接配置权（洪正等，2017；苗文龙，2018）。现有研究普遍认为，地方政府控股银行的影响更多体现为“攫取之手”，而非“扶助之手”，政府干预降低金融资源配置效率，进而抑制经济增长（王珏等，2015；洪正和胡勇峰，2017）。对于城商行的研究发现，地方政府股东决策更多基于为政治晋升积累政绩的需求，而非城商行经营，导致其经营绩效下降（赵尚梅等，2012），金融风险上升。一个突出表现就是地方政府融资平台的银行债务激增（龚强等，2011），且城商行融资平台贷款占比与地方政府控股权呈显著正相关（赵尚梅等，2013）。

地方政府之所以过度干预中小银行金融配置，与区域分权专制制度下形成的财政、金融分权的制度安排、地方官员以GDP增长为核心的考核晋升、金融体系整体市场化程度不足密不可分。1994年分税制改革削弱了地方政府的财力，客观上加大了地方政府对区域内银行信贷决策的干预动机和影响力（张军和金煜，2005）。1998年后，地方政府对国有大型商业银行的控制能力下降②，但对其控股的城商行、农商行等中小银行控制力仍然较强。干预形式不仅包括要求银行向地方政府融资平台提供信贷，还包括以各种手段影响银行的信贷分配，间接补贴国有企业③，用于促进地方经济发展。在以GDP增长为核心的官员“晋升锦标赛”压力下，地方政府有较强的投融资意愿（周黎安，2017；纪志宏等，2014）。金融抑制下，被压低的信贷资金价格更容易引发“增长型”地方政府的追逐（姚

① 例如广州市政府成立了广州国际控股集团作为广州市商业银行的重组平台，以170亿元现金置换广州市商业银行的不良资产；重庆市财政与其他重庆市国有资金一起提供了近10亿元，帮助重庆商业银行增资扩股，剥离不良资产，改善其财务指标；吉林市政府则承诺到2010年，吉林市商业银行上缴营业税的50%由当地财政返还，缴纳的房产税、土地使用税、车船税由各市区全额返还，为吉林市商业银行提供了近10亿元以上的税费支持（郑智等，2015）。

② 1998年整顿金融秩序、化解金融风险之后，四大国有银行都成为一级法人的商业银行，其分支机构不再和地方政府有隶属关系，并且贷款权限也在逐步上收（邵新力和邓湘益，2006）。

③ 如一些地方政府滥用行政权力对商业银行或金融机构开展税费及各类执法检查，迫使银行妥协于地方政府的某种目的；对地方企业逃避银行债务的不法行为持默许态度，暗中给逃债企业撑腰，致使银行的资产不能保全；地方政府调配财政事业单位存款等行政资源，诱使银行就范；根据商业银行对本地信贷投放量，通过财政系统给予“信贷专项奖励”等（世界自然基金会与中国人民银行金融研究所，2008；姚耀军和彭璐，2013）。

耀军和彭璐，2013）。

监管滞后也在一定程度上纵容了地方政府对中小银行的干预。一些地方出现了监管失责、政商勾结现象，且相当一段时间，对于主要股东的监管制度执行不到位。中小银行普遍存在公司治理结构混乱、内控机制松散等问题，“大股东把银行当成提款机”。出现风险事件的银行均不同程度存在公司治理问题，如股东关联交易、内部人控制等，内部管理也普遍混乱。按照监管规定，银行股东只能“两参或一股”，但很多银行并未严格遵守监管要求。

结合货币政策和金融体系的演进历史分析，我们不难发现，从改革开放至今，中国的货币政策尚不独立，地方银行信贷配置不完全由市场决定，二者都在地方层面与财政政策高度相关。自 1984 年，中央决定下放干部管理权限，确定下管一级的干部管理体制，省级政府有权任命下一级政府领导，开启了省级以下政府以 GDP 增速为考量依据的“政治晋升锦标赛”。与此同时，地方国企的资金来源从财政直接拨款转变为银行信贷。这样，地方政府为了促进当地经济发展，对国有银行地方分行施加压力，要求其增加对地方国有企业的信贷，结果地方分行对其总部施加压力，要求其放松信贷配额，这又迫使中国人民银行最终提高信贷总量和货币供应量，形成所谓的“贷款配额反向传递”或者倒逼机制。

4.7 总　　结

本章对新中国成立以来财政制度演进历史进行了简要回顾，并介绍了包括地方政府的收入来源、基础设施建设投资、货币政策演进、区域分权专制制度、中小银行与地方政府的关系在内的五个对财政政策传导机制有影响的中国特色因素。综合分析这些背景信息，我们可以总结出对国家和地方层面政府支出乘数研究的两点启示。第一，1978 年改革开放以来，中国在建立现代财政制度的过程中，不仅财税体制发生了重大变革，货币政策框架、金融体系和市场与政府的关系都发生了深刻变革，因此，政府支出扩张的传导机制及其刺激效果很有可能随时间变化。第二，区域分权专制制度下，地方领导对当地包括财政政策、信贷规模和土地出让规模在内的经济政策有高度决策权。同时，地方官员在政治晋升激励下，有动力充分调动各方面资源带动地方经济发展。因此，财政政策效果在地方层面可能受到政治周期影响。中国超过70%的政府支出由地方政府承担，分析地方信贷政策、土地出让政策等如何在地方政治周期的影响下影响地方层面财政政策效果，对于建设现代化财税体系有重要参考意义。

第 5 章

国家层面的中国政府支出乘数

5.1 引　言

本章对中国政府支出乘数的研究着重关注其时变和状态依赖特征。正如第 2 章和第 3 章理论和实证文献回顾部分所总结，政府支出乘数并非一成不变。近年来的学术研究认为政府支出乘数的大小依赖经济周期位置、货币政策反应、政府及私人债务率、支出类型、持续性及融资方式等诸多因素。探究政府支出乘数的时变性和状态依赖性有助于理解财政政策的传导机制，具有重要的政策含义。目前，学术界对发达国家的政府支出乘数的大小基本达成共识，但是其时变和状态依赖特征依然是研究的前沿。由于中国经济结构持续发生重大变化，政府支出乘数的实证估计不仅面临更多挑战，也缺乏共识。因此，有必要对中国的支出乘数进行估算、对其状态依赖和时变特征的进行深入分析，这不仅有助于评估中国财政政策效果、理解财政政策的传导机制，同时也能对相关领域研究贡献中国经验。

具体而言，本章基于 1995 ~ 2018 年季调后的中国季度经济数据，利用先进的模型选择方法对一系列线性和非线性结构向量自回归（Structural Vector Autoregression，SVAR）模型进行比较，发现两个区制的区制转换向量自回归模型（Regime Switching Vector Autoregression，RS - VAR）最适合中国数据。基于两区制向量自回归模型的估计，本章利用递归识别方法识别中国的政府支出冲击，并利用信息充分性检验（Forni and Gambetti，2014）验证其外生性。通过对比分析中国GDP与其主要成分（即居民消费、固定资本形成、净出口），私人和政府投资以及基础设施建设固定资产投资在不同区制下的政府支出乘数及其状态依赖特征，探究政府支出冲击的传导机制及其变化。

本章发现，以2008年为界，中国政府支出乘数、传导机制和周期性各方面均发生了明显变化。从20世纪90年代中期到2007年，中国政府支出乘数（五年累积）为0.3，2009～2018年则降至仅有0.03。从传导机制看，2008年前财政扩张会小幅带动居民消费，2008年后此作用减弱，但对投资尤其是基础设施建设投资的带动作用增强。从周期性看，2008年前政府支出乘数没有明显的周期性，2008年后则呈现顺周期性。这些变化与2008年金融危机后中国对财政扩张，尤其是用基础设施建设投资稳增长的政策依赖程度提高，地方政府（隐性）债务迅速积累、基础设施建设投资效率和回报下降息息相关。

政府支出乘数下降和顺周期性增强，折射出财政调控经济能力下降、支出效率亟待提高的问题。即使在2008年前，政府支出乘数也仅有0.3，调控宏观经济的效果并非出色。2008年后，财政稳增长的效果更加微弱。政府支出乘数出现顺周期性，表明财政扩张越来越难起到“雪中送炭”的作用。因此，政策制定者应当考虑逐渐淡化财政政策短期稳增长的角色，更加注重财政政策在鼓励创新、调节收入分配等方面的中长期作用。

对比现有的关注中国政府支出乘数的文献，本章主要有三个方面贡献。

第一，本章对模型选择采取更审慎的态度，利用贝叶斯偏差信息标准（Bayesian Deviance Information Criterion，DIC），通过对五种可能的线性和非线性模型进行估计和比较选择最适合样本数据的模型。据作者所知，文献尚未基于区制转换向量自回归模型来研究中国政府支出乘数。

第二，与陈诗一和陈登科（2019）采用月度数据（总产出用工业产出测度）、陈创练等（2019）采用年度数据不同，本章采取季度支出法GDP及其分项数据对模型进行估计，并采用拉米和祖拜里（Ramey and Zubairy，2018）建议的方法来计算政府支出乘数，使得本章估计得到的乘数与大量研究西方发达国家政府支出乘数的结论可比。本章发现中国政府支出乘数低于西方发达国家［与伊尔泽茨基等（Ilzetzki et al.，2013）一致］而且在2008年以后有所下降［与陈创练等（2019）一致］。不同于文献对发达国家或陈诗一和陈登科（2019）对中国政府支出乘数逆周期的研究结论，本章发现中国政府支出乘数在2008年以后出现顺周期性。

第三，本章对政府支出乘数的分析突破了已有文献主要关注产出的局限，提供了支出法GDP分项以及分类投资的政府支出乘数，为理解政府支出政策传导机制以及其状态依赖和时变机理提供了实证依据。

本章各节安排如下。5.3节介绍实证方法，包括模型设定、财政冲击识别、数据三方面。5.4节展示实证分析结果，包括政府支出和财政政策传导机制的区制状态概率、两区制下的政府支出乘数、政府支出类别差异对乘数和传导机制的影响三方面内容。5.5节展示两区制下政府支出乘数周期性的变化，并结合相关微观和制度经济学发现，为实证发现提供合理的解释。5.6节总结全章发现并提出政策建议。

5.2 研究方法和数据

本章使用的季度支出法GDP及分项、货币总量（M2）数据来自亚特兰大联储构造的中国季度宏观数据集（Chang et al.，2016）。该数据集包括中国国民账户、投资、货币金融、物价、就业等多方面的宏观数据。其中，季度支出法GDP及分项数据根据国家统计局公布的年度支出法GDP数据及分项，利用相关高频数据进行插值得到。年度序列和插值序列的对应关系如表5.1所示，详细方法见希金斯和查（Higgins and Zha，2015）。真实支出法GDP及分项为名义支出法GDP及分项使用生产法GDP平减指数折算所得，均经过季调。本章计量分析中，“政府消费”指亚特兰大联储政府消费真实值，“政府投资”指政府和国有企业固定资本形成总额真实值，“政府支出”为政府消费与政府投资之和。政府消费、投资和总支出均包括中央和地方。“私人投资”指民营企业、集体、合资、外资等非国有企业以及居民的固定资本形成总额真实值。

表 5.1　　亚特兰大联储构造季度支出法 GDP 及分项的插值方法

年度序列	插值序列
名义支出法 GDP	名义生产法 GDP（季度，季调）
名义居民消费	社会消费品零售总额（月度加总至季度，季调）
名义政府消费	公共财政支出（月度加总至季度，季调）
名义固定资本形成总额	固定资产投资中的基本建设和更新改造投资（月度加总至季度，季调）
名义净出口	货物进出口（月度加总至季度，季调）
名义库存变动	无可用插值序列，通过季度名义支出法 GDP 与居民消费、政府消费、固定资本形成总额和净出四个分项之差构造

本书没有采用国家统计局公布的中国宏观经济数据，因为国家统计局公布的支出法 GDP 仅有年度数据（季度 GDP 数据为生产法）。为了让本章结果和主流研究（主要指西方发达国家的研究）政府支出乘数的文献结果可比，需要采用支出法 GDP 数据。采用季度数据主要是为了准确识别政府支出冲击：本章采用递归识别方法，关键识别假设是政府支出不对当期的经济状况作出反应。尽管财政政策决策时滞较长，但在年度频率上，政府支出很可能已经对当年经济状况作出反应，导致年度数据违背递归识别假设。尤其是当经济出现较大波动时，年度数据对递归识别假设的背离尤其严重。

固定资本形成总额季度数据并不能按行业进一步区分，因此无法直接获得基础设施投资数据。而考虑到基建投资在财政政策中的重要性，本章按如下方法构造基础设施建设固定资产投资序列。1995 ~ 2002 年的季度基础设施建设投资为相应年份《中国统计年鉴》水利管理，交通运输、仓储及邮电通信，公共设施服务三个行业的基本建设和更新改造投资完成额之和，根据季度全行业固定资产投资完成额插值得到。2003 ~ 2017 年的季度基础设施建设投资为交通运输、仓储和邮政，水利、环境和公共设施管理两个行业的季度固定资产投资完成额之和。因口径调整等因素（Holz，2020），国家统计局自 2018 年起不再公布规模以上固定资产投资绝对值，仅公布可比口径同比增速。因此，2018 年的季度基础设施建设投资为 2017 年交通运输、仓储和邮政，水利、环境和公共设施管理两个行业的季度固定资产投资完成额，根据可比口径同比增速折算得到。真实基础设施建设投资为上述构造的名义基础设施建设投资序列，经季调后根据亚特兰大联储构造的基础设施建设投资物价指数折算。由于包含土地、旧建筑和设备等购置费用，基础设施建设投资并不是支出法 GDP 的组成部分。但是，基础设施建设投资相比房地产投资，基础设施建设投资中土地购置费占比较低，概念上与固定资本形成比较接近。因此，研究基础设施建设投资对政府支出冲击的反应，有助于加深对财政政策传导机制的理解。

1. 模型形式选择

为了科学合理地选择模型形式，本节对以下常见的 VAR 模型形式进行估计：（1）常系数的 VAR 模型（CVAR）；（2）具有一个和两个断点的 RS－VAR 模型；（3）具有时变系数的 VAR 模型（TVP－VAR）；（4）具有时变系数和随机波动率的 VAR 模型（TVP－SV－VAR）。[①] 通过贝叶斯偏差信息标准（Bayesian Deviance Information Criterion，DIC）对估计得到的模型进行比较。DIC 方法由斯皮格尔霍尔特等（Spiegelhalter et al.，2002）提出，是赤池信息准则（Akaike information criterion，AIC）的拓展，通过权衡模型的复杂度和数据拟合程度选取最合适的模型。DIC 的定义为 $DIC=\bar{D}+P_D$。第一项 $\bar{D}=E(-2\ln L(\Xi_i))=\frac{1}{N}\sum_i(-2\ln L(\Xi_i))$，其中 $L(\Xi_i)$ 是用所有 MCMC 参数抽样 Ξ_i 计算出来的似然值（likelihood）。这项测度拟合优度（goodness of fit）。第二项测度模型中有效参数数目（即模型的复杂程度），定义为 $P_D=E(-2\ln L(\Xi_i))-(-2\ln L(E(\Xi_i)))$，可以估计为 $P_D=\frac{1}{N}\sum_i(-2\ln L(\Xi_i))-\left(-2\ln\left(L\left(\frac{1}{N}\sum_i\Xi_i\right)\right)\right)$。由于本节比较的模型具有前验分布参数和隐参数（latent parameter），AIC 中测度的参数数目不能准确反映模型复杂程度。DIC 中定义的有效参数数目测度 P_D 可以克服这一问题。DIC 的值越低，说明数据对模型形式的支持度越高。

表 5.2 展示四类模型估计得到的 DIC 统计量，估计结果支持本节采用的两个区制的区制转换 VAR 模型，其 DIC 统计量（－176.9）低于其他模型形式估计得到的 DIC 统计量。表 5.2 中展示的 DIC 统计量是根据第四个

① TVP－SV－VAR 模型的具体形式详见附录二。

变量为居民消费的 VAR 模型估计得到的。对其他五个 VAR 模型的不同设定进行估计，分别计算 DIC 统计量，得到的 DIC 统计量排序和表 5.2 一致。因此，基于 DIC 统计量的模型比较结果证实了采用两个区制的 RS - VAR 模型的合理性。

表 5.2　　　　用于模型比较的 DIC 统计量

模型	CVAR	两区制 RS - VAR	三区制 RS - VAR	TVP - VAR	TVP - SV - VAR
DIC 统计量	284.8254	-176.9180	81.8432	928.7564	778.8010

2. 区制转换向量自回归模型

区制转换向量自回归 RS - VAR 模型的简约形式如公式（5 - 1）所示。

$$y_t = A(s_t) + B_1(s_t)y_{t-1} + B_2(s_t)y_{t-2} + \mu_t(s_t),\ t = 1,\ 2,\ 3,\ \cdots,\ T \tag{5-1}$$

$$\Pr(s_t = j \mid s_{t-1} = i) = P_{ij},\ i,\ j = 1,\ \cdots,\ M$$

其中 $y_t = [G_t,\ Y_t,\ M_t,\ X_t]^T$ 是 4×1 向量，包含四个内生变量。第一个变量 G_t 测度政府支出，为政府总支出、政府消费支出或政府投资支出三者之一，第二个变量 Y_t 为 GDP，第三个变量 M_t 为 M2，第四个变量 X_t 是居民消费、投资（固定资本形成总额）、政府投资、私人投资、基础设施建设固定资产投资或贸易余额这六个变量之一，用于探究政府支出政策的传导机制。为保证这六个 RS - VAR 模型识别出同样的政府支出冲击，本章需要对 4×4 自回归系数矩阵 B_1 和 B_2 施加如下限制条件：

$$B_{1,pq} = 0,\ B_{2,pq} = 0,\ p = \{1,\ 2,\ 3\},\ q = 4$$

$B_{i,pq}$ 是矩阵 B_i 的第 p 行第 q 列的元素。此限制条件保证变量 X_t 不进入 VAR 系统的前三个等式，从而不影响政府支出乘数的识别，而识别出来的政府支出冲击可以对变量 X_t 产生影响。

s_t 是观测不到的离散状态变量，服从 M 个状态的马尔科夫链随机过程。μ_t 为简约形式的残差项，服从正态分布 $\mu_t \sim N(0,\ \Omega(s_t))$。

本书采用马尔科夫链蒙特卡洛（Markov Chain Monte Carlo，MCMC）方法来估计 RS - VAR 模型，主要涉及两个步骤。第一步，基于状态变量 s_t 和状态转换概率矩阵 Q，抽样 VAR 模型的参数 $\{A,\ B_1,\ B_2,\ \Omega\}$。VAR

模型的系数矩阵 $\{A, B_1, B_2\}$ 服从多元正态分布，协方差矩阵 Ω 的条件后验分布为逆威沙特分布。第二步，基于上一步抽取的 VAR 系数，利用哈密尔顿滤波构造后验分布 $f(s_t \mid A, B_1, B_2, Q)$，从中抽样状态变量 s_t。从后验分布 $f(Q \mid A, B_1, B_2, s_t)$ 抽样状态转换概率矩阵 Q 中的元素。MCMC 算法抽样执行 10000 次，舍弃前 5000 次抽样。

3. 政府支出冲击的识别

本节采用布兰查德和佩罗蒂（Blanchard and Perotti，2002）提出的递归方法来识别政府支出冲击。此方法的识别假设为外生的政府支出冲击不能由产出、M2 或其他经济变量的滞后项预测。①② 具体来讲，协方差矩阵 Ω 可以利用乔列斯基分解表达为两个下三角矩阵 Σ 的乘积 $\Omega = \Sigma'\Sigma$，得到结构矩阵 Σ。简约形式的 RS - VAR 模型可以重新表达成结构形式：

$$y_t = A(s_t) + B_1(s_t)y_{t-1} + B_2(s_t)y_{t-2} + \Sigma(s_t)\varepsilon(s_t) \qquad (5-2)$$

其中 ε 为结构冲击向量 $\varepsilon = [\varepsilon^G, \varepsilon^Y, \varepsilon^M, \varepsilon^X]$，其中 ε^G 是识别出来的政府支出冲击。

图 5.1 展示用递归方法识别出来的政府支出冲击的中位数和 95% 置信区间。图中结果基本能够准确捕捉样本期间内财政政策立场的变化。在 1997 年亚洲金融危机和 2008 年全球金融危机发生后，中国采取积极的财政政策应对这两次重大危机，图中政府支出冲击在 1997 年底和 2008 年底为正且高度显著。2001 ~ 2004 年，积极财政逐渐退出，图中对应的政府支出冲击大多显著为负。2008 年之后，为抑制地方债务过快增长，中央政府分别在 2010 年 6 月、2013 ~ 2014 年与 2017 年的 4 月和 5 月颁布了第 19 号、第 43 号、第 50 号和第 87 号文件（Zhang and Xiong，2019），图 5.1 中这四个时间点对应的政府支出冲击显著为负，体现出财政政策立场转为紧缩。

---

① 本节采用政府支出、GDP 和 M2 而不是文献中常用的政府支出、政府财政收入和 GDP 的组合来识别中国政府支出冲击主要有两方面原因：第一，拉米和祖拜里（Ramey and Zubairy，2018）发现，是否控制政府财政收入对于识别政府支出冲击的影响不大；第二，中国货币政策独立性较低，故识别外生政府支出冲击时有必要控制货币政策立场。

② 附录三对比了用布兰查德和佩罗蒂（Blanchard and Perotti，2002）提出的递归方法识别政府支出冲击和用芒福特和乌利格（Mountford and Uhlig，2009）提出的符号识别方法来识别政府支出冲击所得到的结果，发现二者得到内生变量的脉冲反应函数和政府支出乘数非常接近，只是递归方法得到的结果比用符号识别方法得到的结果精确度高。因此，本章的计量分析直接采用递归识别方法识别各类政府支出冲击。

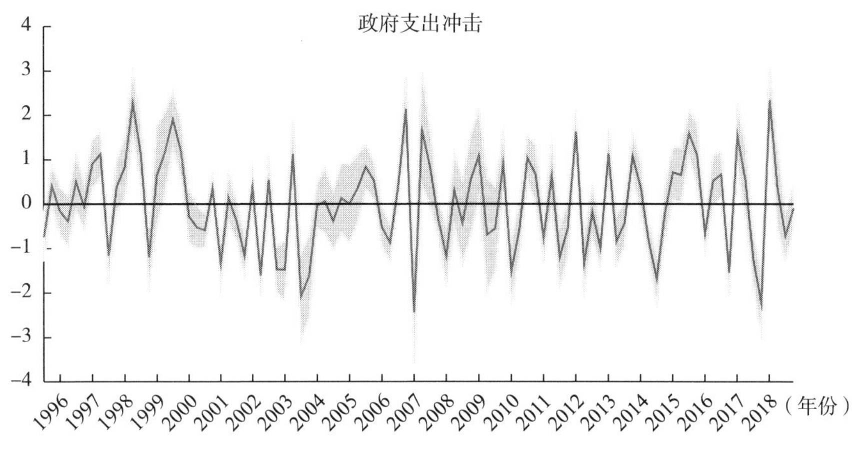

图5.1　政府支出冲击

注：阴影部分为95%置信区间。

当然，结构冲击的识别方法总是存在争议，递归方法也不例外。主要问题是递归方法识别出来的政府支出冲击不能区分预期到和未预期到的外生政府支出变化（Ramey，2011；Leeper et al.，2013）。二者对以消费为代表的主要宏观经济变量的影响差异巨大。文献中常用的解决方法是在VAR系统中加入专业预测人员对政府支出的预测变量来控制预期到的政府支出变化。然而，由于缺乏中国政府支出预期的测度，本节不能采用这个方法来提高识别中国政府支出冲击的精确程度。

本节采用福尼和贝蒂（Forni and Gambetti，2014）提出的信息充分性检验来进一步证明识别出来的政府支出冲击的合理性。这个检验的理论基础很简单：如果VAR模型残差项的任何线性组合与过去的已有信息存在相关性，则说明模型在识别结构冲击的时候没有控制足够多的信息，因此VAR模型存在设定错误（misspecified）。检验分两步进行。第一步，估计VAR模型，识别结构冲击；第二步，从包含大量宏观数据的数据集中提取主成分，用这些包含足够多信息的主成分对识别出来的结构冲击做格兰杰因果检验。[①] 如果识别出来主成分的任意组合可以格兰杰导致估计出来

① 信息充分性检验用到的大数据集包括不同类型的产出、消费、投资、物价指数、利率、就业、金融市场价格指数等63个宏观变量。除金融价格指数来自万德数据库以外，其他宏观经济数据均来自亚特兰大联储构造的中国季度宏观数据集。感兴趣的读者可以向作者索要具体数据列表。

的结构冲击，则需要通过将大数据集中提取的主成分加入结构 VAR 模型的方式来修正原模型。

表 5.3 展示信息充分性检验结的结果。本节将识别出来政府支出冲击回归到六组回归因子上：前五组回归因子分别为大数据集提取的第一到第五主成分，最后一组回归因子为全部前五个主成分。表 5.3 给出了六组回归，允许因子一到四阶滞后，得到的因果检验的 P 值。所有检验的 P 值都大于 0.1，表明用递归方法识别出来的政府支出冲击的信息充分性不能被拒绝，即政府支出冲击具有足够的外生性。这进一步证实了本节识别出来的政府支出冲击的合理性。

表 5.3　　　　信息充分性检验结果

	滞后阶数			
	1 阶	2 阶	3 阶	4 阶
主成分 1	0.3894	0.1890	0.4513	0.7255
主成分 2	0.6906	0.8530	0.7734	0.9081
主成分 3	0.5825	0.6801	0.9116	0.5368
主成分 4	0.2968	0.5716	0.5598	0.6919
主成分 5	0.3694	0.8279	0.6154	0.9234
主成分 1 ~ 5	0.1157	0.6329	0.6727	0.8356

5.3　国家层面政府支出乘数

本节分析区制转换模型的估计结果：（1）展示模型估计出来的区制概率，并结合不同时期的经济和制度背景对估计结果进行解读；（2）通过对比不同区制下主要宏观经济变量的累积政府支出乘数，对财政政策传导机制的变化进行分析；（3）通过展示内生变量的政府消费支出和投资支出乘数在两区制下的表现，探讨政府支出的构成对财政刺激效果的影响；（4）分析政府支出乘数周期性在不同区制下的变化。

1. 中国政府支出乘数的区制概率

图 5.2 展示两区制 RS - VAR 模型估计得到的第二区制的概率。结果

显示 2008 年全年为区制转换的过渡时期。2008 年第一季度以前，第二区制概率为 0，2008 年第四季度以后，第二区制概率为 1。图 5.2 展示的结果是基于第四个变量为居民消费的 RS - VAR 模型估计得到的，对其他五个 RS - VAR 模型进行估计，此结果依然成立。

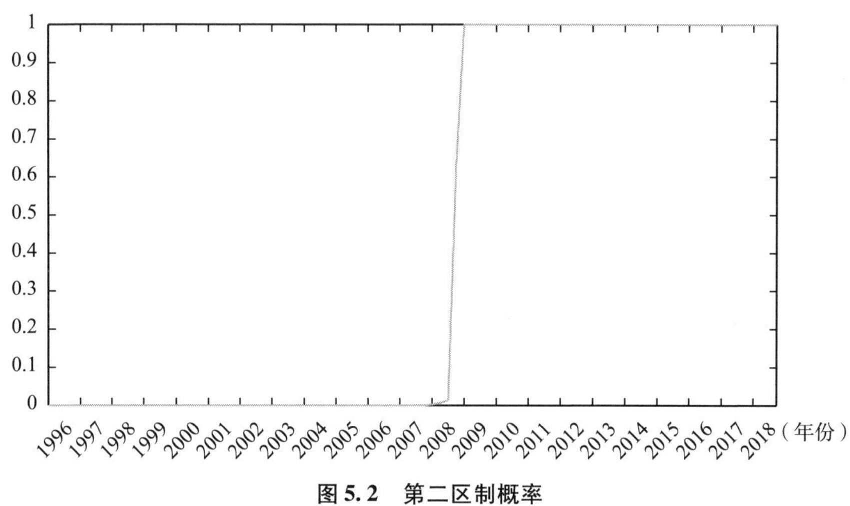

图 5.2　第二区制概率

区制转换模型识别出 2008 年为财政政策传导机制的重要转折点并不意外。对比 2008 年前后，中国经济最明显的变化是经济增速结构性下降，进入经济发展新常态。2008 年全球金融危机导致外部需求急剧下降，当年中国经济增速比前一年下降将近一半。2008 年底推出的“四万亿元”财政刺激计划虽然成功避免了中国经济硬着陆，却无法克服制约中国经济增长的结构性问题。事实上，2008 年后全球经济复苏缓慢，在外需持续不足的背景下，中国人口红利消失、资源配置效率下降、创新能力不足、资源环境约束增强这些深层次结构性问题日益凸显，经济增速自 2010 年开始持续下降。这些结构性问题，尤其是以产能过剩为主要表现的资源配置效率下降，不仅导致中国经济增长乏力，也可能限制财政政策发挥效果。

伴随着经济增速放缓，政府负债率上升是 2008 年以后的中国经济的另一个重要变化。这里的政府债务不仅包括中央和地方政府的显性债务，还包括地方政府的隐性债务（例如借助融资平台公司举债）。2008 年底推出的“四万亿元”刺激计划规模史无前例。其资金只有少部分来自中央

（地方政府配套约 2.82 万亿元），大部分来自地方政府借助融资平台发债。2009～2015 年，地方债务规模在地方政府补缺口、保增长的压力下高速增长。2015 年出台的《中华人民共和国预算法》规范了地方政府的债务管理，却对地方政府债务规模扩张的抑制作用有限。据徐军伟、毛捷和管星华（2020）整理的融资平台举债数据表明，截至 2018 年底，融资平台公司的有息债务余额为 33.06 万亿元，占当年 GDP 的 36%。债务率的上升很可能影响财政政策的传导机制及效果，事实上已有研究表明政府债务率上升会削弱政府支出提振经济增长的效果（Nickel and Tudyka，2014；Huidrom et al.，2020）。

2. 两区制下的中国政府支出乘数

图 5.3 展示两区制下主要宏观经济变量的累积政府支出乘数及其差值。本节对变量 X 的累积到 h 期的累积政府支出乘数的计算方式为 $X^{fm} = \frac{\sum_h X_h}{\sum_h G_h}$。①

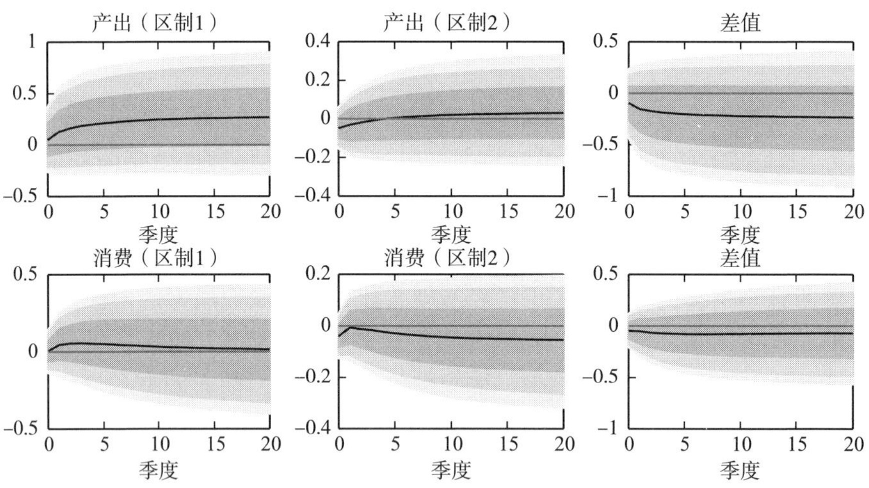

① 本节采取拉米和祖拜里（Ramey and Zubairy，2018）中建议的政府支出乘数的计算方法，即动态系统中的所有变量用其自身水平值除以实际 GDP 趋势项的方式进行转变，用产出对外生政府支出冲击的累积反应直接除以政府支出的累积反应得到乘数。陈诗一和陈登科（2019）、陈创练等（2020）计算乘数的方式是对内生变量取自然对数，然后用产出对政府支出变化的弹性除以政府支出与 GDP 的比值在样本中的均值得到乘数。正如拉米和祖拜里（2018）所分析，像中国这样政府支出在 GDP 的占比在样本期间经历了 45% 增长的经济体，用第二种方法估计乘数会导致估计偏误。

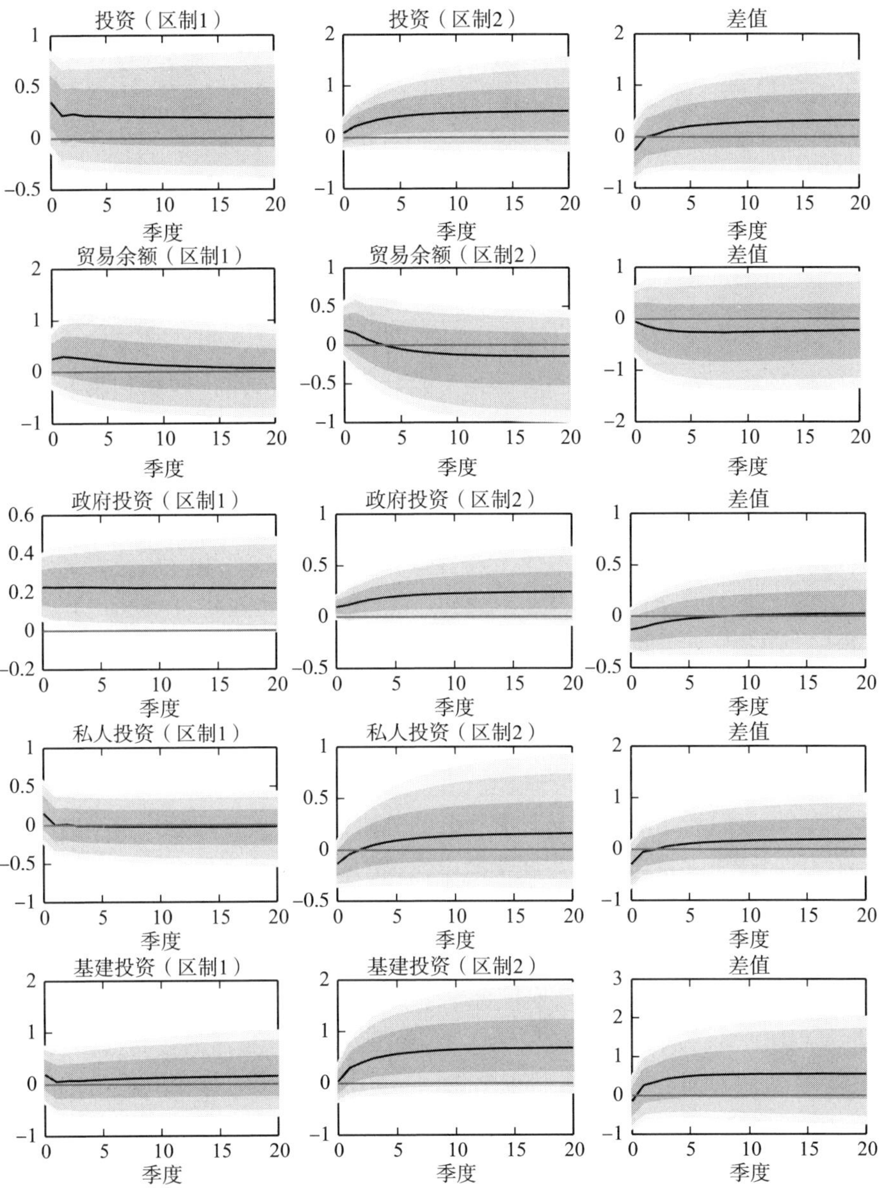
投资（区制1）
投资（区制2）
差值
贸易余额（区制1）
贸易余额（区制2）
差值
政府投资（区制1）
政府投资（区制2）
差值
私人投资（区制1）
私人投资（区制2）
差值
基建投资（区制1）
基建投资（区制2）
差值
季度

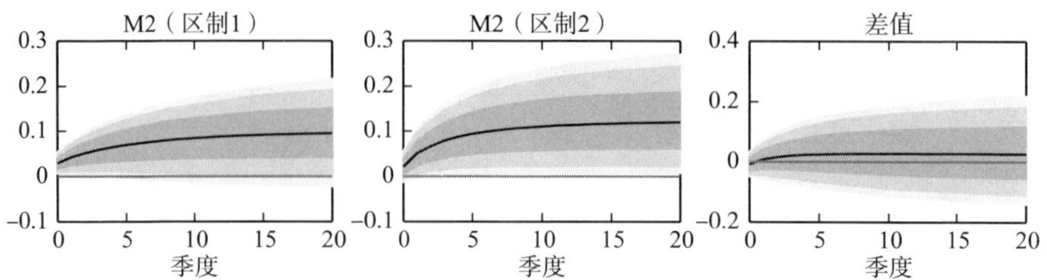

图 5.3　两区制下的累积政府支出乘数及其差值

注：实线为中位数，灰色区域由深到浅依次为68%、90%和95%置信区间。

图5.3展示GDP及其分项（消费、投资和贸易余额）的累积政府支出乘数及其差值（第二区制减第一区制），表5.4给出这些累积乘数的中位数。结果表明2008年以后，政府支出的产出乘数下降，2008年以前五年累积乘数为0.26。本节估计得到的政府支出乘数在第一区制略低于拉米（Ramey，2019）基于递归识别方法估得的一般时期（非利率零下限情形）美国政府支出乘数，与伊尔泽茨基等（Ilzetzki et al.，2013）发现的发展中国家政府支出乘数低于发达国家一致。陈诗一和陈登科（2019）基于1995～2013年的月度数据估计出来的中国政府支出乘数在0.37～0.85，高于本节估计的乘数值。造成此差异的可能原因是陈诗一和陈登科（2019）采用工业增加值数据测度产出，而工业部门比其他部门的产出波动大，对财政刺激的反应更强。

2008年以后，随着广义政府债务的急剧扩张，五年累积产出乘数下降到0.03。这与大量理论和实证文献中强调的高政府债务导致政府支出乘数下降的结论相吻合。以科尔塞蒂等（Corsetti et al.，2013）和博科拉（Bocola，2016）为代表的理论文献强调政府债务率上升通过利率渠道对政府支出乘数产生影响：在高政府债务率状态下，政府支出上升导致主权债务违约风险上升，从而提高实际利率，企业融资成本上升，从而挤出投资。尼克尔和图迪卡（Nickel and Tudyka，2014）、惠德罗姆等（Huidrom et al.，2020）则为政府债务率上升导致政府支出乘数下降提供了跨国的实证证据，并证实利率渠道确实在发挥影响。

表 5.4　两区制下累积政府支出乘数的中位数

指标	第一区制				第二区制				差值			
	当期	一年	三年	五年	当期	一年	三年	五年	当期	一年	三年	五年
产出	0.0483	0.1823	0.2459	0.2626	-0.0492	-0.0102	0.0210	0.0294	-0.0972	-0.1891	-0.2244	-0.2349
消费	0.0056	0.0558	0.0301	0.0174	-0.0407	-0.0176	-0.0472	-0.0536	-0.0456	-0.0724	-0.0753	-0.0694
投资	0.3535	0.2178	0.2037	0.1989	0.0855	0.3433	0.4781	0.5037	-0.2655	0.1281	0.2891	0.3150
贸易余额	0.2515	0.2528	0.1153	0.0646	0.1934	0.0202	-0.1319	-0.1476	-0.0618	-0.2323	-0.2592	-0.2281
政府投资	0.2282	0.2278	0.2227	0.2197	0.0954	0.1698	0.2316	0.2435	-0.1304	-0.0561	0.0102	0.0232
私人投资	0.1555	-0.0068	-0.0223	-0.0235	-0.1336	0.0458	0.1401	0.1559	-0.2907	0.0557	0.1710	0.1908
基建投资	0.1931	0.0700	0.1297	0.1488	0.0332	0.4812	0.6541	0.6785	-0.1512	0.4280	0.5445	0.5477
M2	0.0289	0.0587	0.0860	0.0944	0.0207	0.0788	0.1119	0.1193	-0.0085	0.0202	0.0265	0.0258

然而，利率渠道对理解 2008 年之后中国政府支出乘数的下降作用有限，因为样本时期内中国的利率市场化程度不高，政府债务率上升对利率的影响有限。图 5.3 中展示的投资乘数在 2008 年之后非但没有下降，反而有所上升也证实了这一点。具体到投资分项，对比政府部门、私人部门和基础设施建设投资在 2008 年前后的反应显示，2008 年以后投资乘数的上升主要是由基础设施投资乘数的上升导致的。基于此，本节可以结合中国财政刺激的特点，从资源配置效率下降和基础设施建设投资回报率下降两个角度来理解 2008 年后政府支出扩张对投资的挤入增强，而产出乘数却下降这两个看似自相矛盾的结果。

第一，2008 年后政府支出扩张对金融资源配置的扭曲加剧，降低了投资回报率。在经济低迷时，从中央到地方各级政府依赖基础设施建设投资来拉动经济，并且经常伴有信贷政策的放松来弥补基础设施建设资金缺口，四万亿元财政刺激就是一个典型的例子。近年来一系列研究揭示了“四万亿元”财政刺激加剧金融资源错配的问题：白等（Bai et al.，2016）、丛等（Cong et al.，2019）和黄等（Huang et al.，2020）指出，为了弥补“四万亿元”财政刺激的资金缺口，中央放松了对地方政府举债的限制，允许其通过融资平台借债，而且降低了存款准备金率和贷款基准利率。在与财政刺激配套的信贷宽松政策下，信贷资金向基础设施领域集中流动（闫先东、朱迪星，2018），国有企业在融资中的占比持续上升，而生产效率较高的民营企业“融资难、融资贵”问题日益突出。金融资源配置效率下降拖累了财政刺激产出的效果。

第二，2008 年后财政刺激过度依赖基础设施建设投资，使得基础设施存量可能已经超过潜在的最优规模，从而降低了投资效率。基础设施建设投资因其可能有助于提高其他部门生产效率的正外部性，被许多宏观经济学家视为“优质”政府支出，乃至作为低利率环境下经济低迷时稳增长的工具。但近年来文献对基础设施建设投资的看法已经发生变化。宏观研究发现，基础设施建设投资的边际回报随着初始资本存量上升而递减（Fernald，1999；Izquierdo et al.，2019），其提振短期增长的能力也受到执行时滞、推高资本品价格等一系列因素制约（Leeper et al.，2010；Boehm，2019；Ramey，2020）。2008 年，中国基础设施建设资本存量尚低，推出“四万亿元”刺激计划后，高铁、轨道交通等“铁公基”项目迅速上马。但随着近年来基础设施建设资本存量快速提高，有价值的新项目发掘已经日益困难，加上项目审批流程日益严格，已经出现地方政府专项债资金拨付较快，但项目落地或开工较慢的情况。微观研究表明，基础设施建设投资提高其他部门效率的正外部性作用可能低于宏观经济学家的愿望。例如，道路交通等传统基础设施的主要作用是分散经济活动的地理分布，而不是扩大经济活动的规模（Baum - Snow et al.，2017；Duranton et al.，2020）。政治经济学研究还发现，发展中国家基础设施建设投资的效率容易受到腐败问题的拖累（Izquierdo et al.，2019）。中国地方政府投资项目往往由国有企业或与政府关系密切的民营企业具体负责实施（Bai et al.，2019）从侧面印证了这一点。综合上述多种原因看，2008 年以后，投资的累积乘数虽然更高，但由于投资回报率下降，对产出的贡献自然也会降低（闫先东和朱迪星，2017）。

GDP 分项中其他两项，私人消费和贸易余额的乘数变化与产出乘数变化方向一致，2008 年之后都略有下降。消费乘数的下降可以用传统的李嘉图渠道来理解：在政府债务率高的时候增加政府支出，家庭部门会预期未来税负（包括显性税收和隐性税负）增加，负面的财富效应导致家庭部门减少消费而增加储蓄，因此对消费乘数有削弱的影响。

2008 年之后贸易余额乘数的下降可以从两个角度理解。一方面，2008 年后基础设施建设投资对财政刺激的反应增强，可以部分解释贸易余额乘数的下降。基础设施建设投资增长会拉动原油和机械设备进口。给定国内财政刺激对外需无明显影响，这部分进口品随着财政刺激大幅增加会导致贸易余额乘数下降。另一方面，本节也可以从 GDP 核算的角度来理解贸易余额乘数的下降。2008 年后财政刺激对储蓄的影响不变，而对投资有更强的挤入作用，带来贸易赤字的上升，从而贸易余额乘数下降。

第三，由于货币政策立场对政府支出乘数有至关重要的影响，图 5.3 对比了货币政策测度 M2 的累积乘数在两个区制下的表现。中国央行货币政策独立性不高，M2 的累积乘数在两区制都显著为正，表明政府支出增加一直伴随着货币扩张。两区制下，M2 的累积乘数几乎没有变化，表明产出乘数的改变不是由于财政扩张时货币政策立场变化导致的。

5.4 国家层面政府支出乘数的异质性

图5.4和图5.5分别展示两个区制下的政府消费和政府投资支出的累积乘数及其差值（第二区制减第一区制），表5.5和表5.6分别给出这些累积乘数的中位数。结果表明不同类别的政府支出对GDP及其分项的影响明显不同。

在第一区制（2008年以前），政府消费支出对应的产出乘数（五年累积乘数0.3）高于政府投资对应的产出乘数（五年累积产出乘数-0.3），在第二区制（2008年以后）二者无明显差异，都接近于0。这与王国静和田国强（2014）以及王立勇和徐晓莉（2018）基于中国数据对DSGE模型进行估计得到的政府投资的产出乘数远高于政府消费的产出乘数的结论相反，而与里珀等（Leeper et al.，2010）、布姆（Boehm，2019）和拉米（Ramey，2020）强调的由于政府投资在执行的过程中存在时滞，而且会通过推高融资成本挤出私人投资，政府投资支出的产出乘数有可能低于政府消费支出的产出乘数的结论相符。本章通过比较政府投资与消费支出对其他变量影响的差异，分析导致这一发现的原因。

政府投资支出对消费的影响显著低于政府消费支出：政府消费支出在第一区制显著挤入私人消费、第二区制对消费没有明显影响，政府投资支出在两区制下都显著挤出私人消费。政府消费支出在教育、医疗等方面提高社会保障，改善民生，对消费有正面影响容易理解。在2008年以后，财政刺激力度增强，政府债务率迅速上升，李嘉图渠道抑制了政府消费支出对消费的影响。政府投资支出主要用于基础设施建设，由于财政事权和

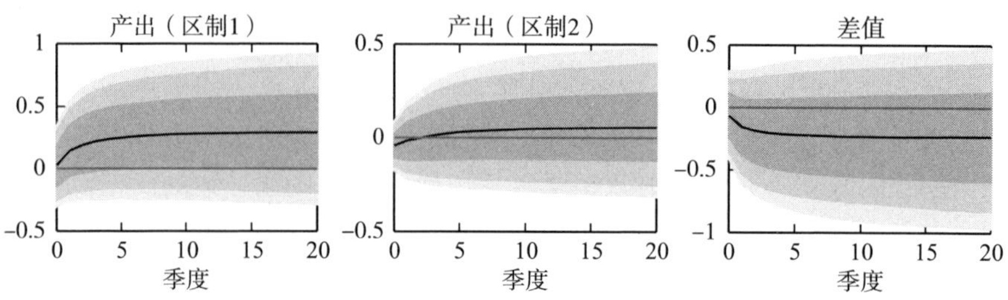

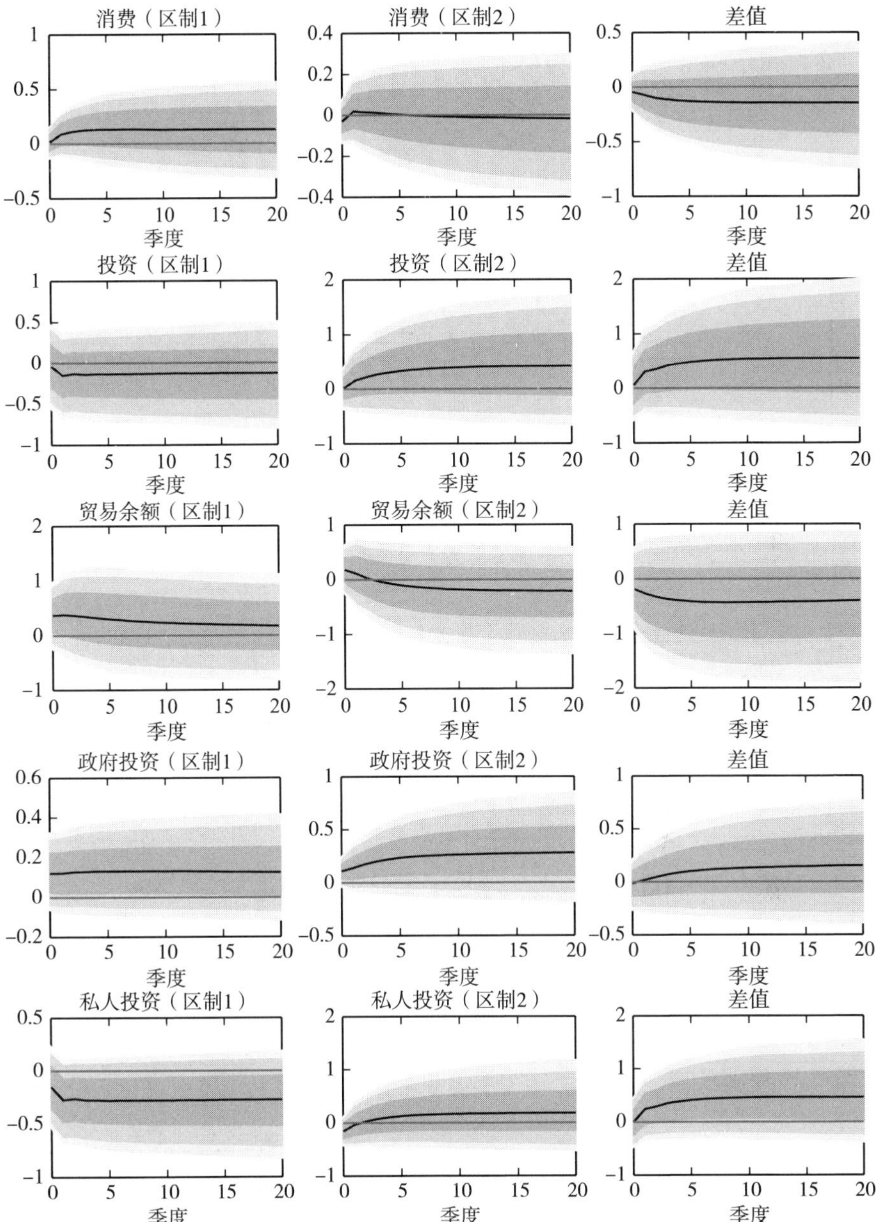
消费（区制1）
消费（区制2）
差值
投资（区制1）
投资（区制2）
差值
贸易余额（区制1）
贸易余额（区制2）
差值
政府投资（区制1）
政府投资（区制2）
差值
私人投资（区制1）
私人投资（区制2）
差值
季度

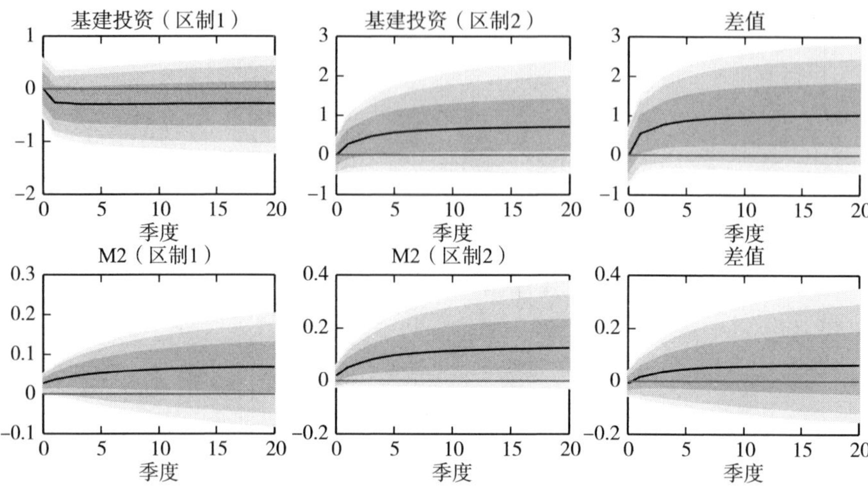

图 5.4　两区制下的累积政府消费支出乘数及其差值

注：实线为中位数，灰色区域由深到浅依次为68%、90%和95%置信区间。

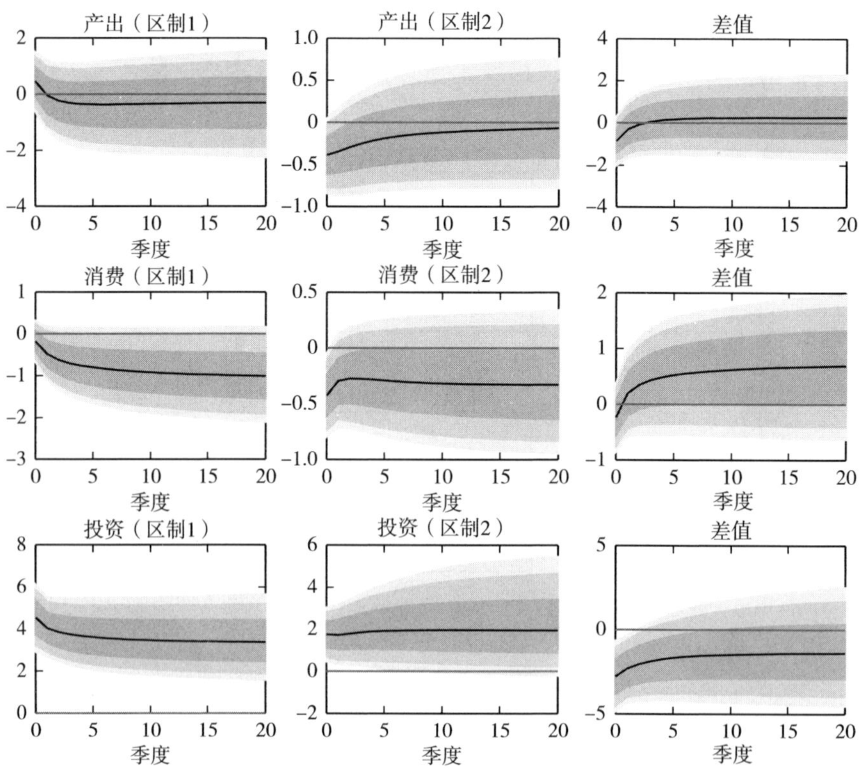

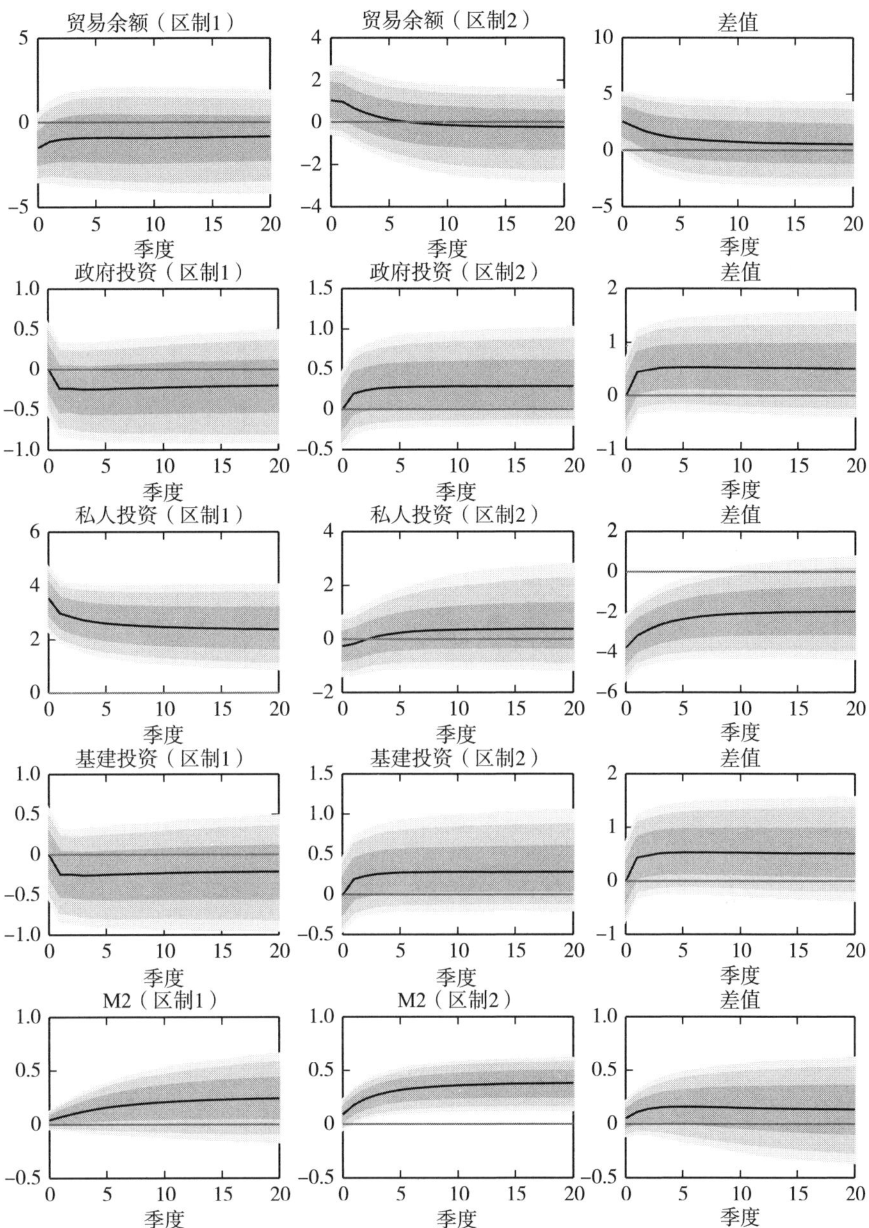

图 5.5　两区制下的累积政府投资支出乘数及其差值

注：实线为中位数，灰色区域由深到浅依次为 68%、90% 和 95% 置信区间。

表 5.5　两区制下累积财政消费支出乘数的中位数

指标	第一区制				第二区制				差值			
	当期	一年	三年	五年	当期	一年	三年	五年	当期	一年	三年	五年
产出	0. 0246	0. 2165	0. 2788	0. 2879	-0. 0423	0. 0116	0. 0497	0. 0558	-0. 0656	-0. 2053	-0. 2351	-0. 2331
消费	0. 0148	0. 1239	0. 1271	0. 1268	-0. 0309	0. 0116	-0. 0108	-0. 0178	-0. 0465	-0. 1139	-0. 1448	-0. 1465
投资	-0. 0406	-0. 1426	-0. 1300	-0. 1290	0. 0118	0. 2699	0. 3991	0. 4166	0. 0538	0. 4177	0. 5380	0. 5508
贸易余额	0. 3699	0. 3435	0. 2248	0. 1782	0. 1798	-0. 0328	-0. 1914	-0. 2117	-0. 1908	-0. 3745	-0. 4280	-0. 4019
政府投资	0. 1207	0. 1287	0. 1302	0. 1253	0. 1096	0. 2012	0. 2664	0. 2791	-0. 0123	0. 0688	0. 1345	0. 1520
私人投资	-0. 1521	-0. 2768	-0. 2781	-0. 2731	-0. 1613	0. 0729	0. 1686	0. 1773	-0. 0046	0. 3540	0. 4613	0. 4613
基建投资	0. 0058	-0. 2893	-0. 2857	-0. 2789	-0. 0084	0. 4701	0. 6651	0. 7091	-0. 0081	0. 7730	0. 9705	1. 0113
M2	0. 0273	0. 0465	0. 0641	0. 0689	0. 0196	0. 0819	0. 1166	0. 1252	-0. 0077	0. 0364	0. 0590	0. 0627

表 5.6　两区制下累积政府投资支出乘数的中位数

指标	第一区制				第二区制				差值			
	当期	一年	三年	五年	当期	一年	三年	五年	当期	一年	三年	五年
产出	0.4600	-0.3113	-0.3394	-0.3044	-0.3855	-0.2491	-0.1098	-0.0707	-0.8583	0.0578	0.2419	0.2559
消费	-0.1881	-0.7093	-0.9398	-1.0083	-0.4275	-0.2763	-0.3215	-0.3290	-0.2365	0.4338	0.6294	0.6829
投资	4.5372	3.7432	3.4404	3.3827	1.7485	1.8510	1.9569	1.9447	-2.7849	-1.8867	-1.4708	-1.3978
贸易余额	-1.5078	-0.9485	-0.9103	-0.8423	1.0232	0.4269	-0.1633	-0.2339	2.5497	1.4005	0.6873	0.5372
政府投资	0.0076	-0.2498	-0.2236	-0.2063	-0.0108	0.2562	0.2842	0.2846	-0.0088	0.5224	0.5274	0.5121
私人投资	3.5387	2.7246	2.4464	2.3811	-0.2655	0.0960	0.3566	0.3738	-3.7915	-2.6342	-2.0580	-1.9778
基建投资	0.0017	-0.2574	-0.2261	-0.2116	-0.0088	0.2549	0.2806	0.2807	-0.0106	0.5163	0.5246	0.5139
M2	0.0395	0.1200	0.2124	0.2397	0.0906	0.2725	0.3630	0.3792	0.0513	0.1529	0.1473	0.1355

支出责任主要由地方政府承担，而地方政府预算内的收入远不能满足基础设施建设投资的资金需求，需要依赖拍卖土地、借助融资平台发债等方式融资。因此，政府投资支出增加会带来地方政府隐性债务上升，通过李嘉图渠道对消费产生负面影响。

政府投资支出增加在两个区制下对总投资有高度显著的挤入作用，且在两个区制下都远高于政府消费支出：政府消费支出增加对应的五年累积投资乘数在第一区制（第二区制）为 -0.129（0.4166），政府投资支出增加对应的五年累积投资乘数在第一区制（第二区制）为 3.3827（1.9447）。然而政府投资支出冲击对产出几乎没有影响，表明政府投资的回报率不高，对投资的提振作用被政府投资对消费的抑制作用所抵消。

对比图 5.5 中总投资在两区制下的反应显示政府投资支出增加对应的累积投资乘数在第二区制显著下降。结合分类投资乘数的反应来分析，不难发现这是由于 2008 年以后政府投资支出对私人部门投资的挤入作用减弱造成的。[①] 这与白等（Bai et al.，2016）、丛等（Cong et al.，2019）和黄等（Huang et al.，2020）的分析一致：2008 年以后政府预算内财政收入不足以满足基础设施建设投资的资金需求，地方政府需要借助融资平台发行债务来弥补资金缺口，在此过程中，地方信贷更多地流向了国有企业，导致民营企业融资困难，因此政府投资支出增加对应的私人投资乘数在 2008 年以后下降。

与 2008 年以后政府投资支出增加对投资的挤入作用减弱相对应，贸易余额的累积乘数在 2008 年以后略有上升。此结果依然可以从国民收入核算的角度来理解：2008 年之后财政刺激对储蓄的影响不变而对投资的影响变弱，带来贸易余额乘数的上升。

此外，虽然伴随着政府消费和投资支出的扩张，M2 在两个区制下都会显著上升，但是政府投资支出扩张对应的 M2 的乘数在两个区制下都高于政府消费对应的 M2 乘数，尤其是在 2008 年以后，政府投资支出的 M2 乘数是政府消费支出对应的 M2 乘数的三倍以上。虽然政府投资扩张有着更为宽松的货币政策立场来配合，由于政府投资效率不高以及金融市场扭曲带来的资金错配问题存在，更为宽松的货币政策立场没有使政府投资支

① 毛锐等（2018）也发现 2008 年之后，政府投资增加对私人投资的影响相较于 2008 年以前明显减弱，并基于带有金融摩擦的 DSGE 模型分析得出地方政府债务累积推高私人融资成本是造成此现象的主要原因。

出比消费支出对产出的提振效果更强。

总而言之，对比政府消费和投资支出对 GDP 及其分项的影响，表明政府投资支出虽然能够有效带动总投资上升，但由于投资效率较低，并不能弥补其对消费的挤出作用，对产出几乎无影响。乘数较高的政府消费支出，在2008年以后对产出的提振作用也基本消失，表明在财政政策持续扩张、政府广义债务迅速累积的背景下，政府支出扩张在短期对产出的提振作用已经非常有限。

5.5 中国政府支出乘数的周期性

政府支出乘数是否存在周期性是近期政府支出乘数研究关注的重点，结论仍存在争议（例如 Ramey and Zubairy，2018；Auerbach and Gorodnichenko，2012），国内文献对此研究并不充分。[①] 为了补充这一文献缺口，本节估计如下带有和经济状态交互项的 RS - VAR 模型来探究中国政府支出乘数的周期性：

$$
\begin{aligned}
y_t = & A(s_t) + \tilde{A}(s_t) I_{t-1} + B_1(s_t) y_{t-1} + B_2(s_t) y_{t-2} \\
& + [\tilde{B}_1(s_t) y_{t-1} + \tilde{B}_2(s_t) y_{t-2}] I_{t-1} + \mu_t(s_t)
\end{aligned}
$$

其中变量 I 为测度经济状态的虚拟变量。为了避免内生性问题，本节采用滞后一期的经济状态变量。用于测度经济状态的产出缺口的计算方式为两区制下实际 GDP 增长率减去各自区制内的 GDP 增速均值。产出缺口为正 $I_{t-1}=1$，称为“繁荣”时期，产出缺口为负 $I_{t-1}=0$，称为“低迷”时期。

图5.6中展示的产出缺口的测度基本能准确捕捉中国经济周期的变化，1998年亚洲金融危机和2008年全球金融危机对应负的产出缺口，2001～2007年经济快速增长以及2009～2014年“四万亿”刺激之后的四年对应的产出缺口为正值。2015年后，产出缺口再度为负。在此阶段，经济政策逐渐由稳增长转向以供给侧结构性改革为主线，通过“三去”（去产能、去库存、去杠杆）减少无效供给，通过“一降一补”（降成本、补短板）增加有效供给。尽管去化能耗高、污染重的落后产能提高生产和环

① 陈诗一和陈登科（2019）是为数不多的对中国政府支出乘数周期性进行探究的学者。与本章分析的不同之处在于，他们用月度的工业增加值测度产出，并采用实际 GDP 增速减去全样本 GDP 增速均值的方式计算产出缺口。

保效益，但“做减法”短期内对经济带来一定下行压力。

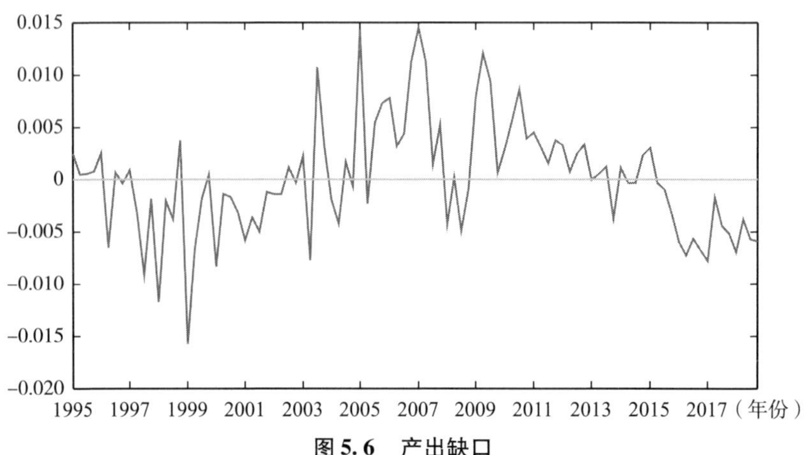

图 5.6　产出缺口

为了与上述分析保持一致，本节将区制状态变量 s_t 视为外生给定的变量，直接采用线性模型，如式（5－1），估计出来的区制状态变量 s_t 的取值。

图 5.7 和图 5.8 分别展示在第一区制（2008 年之前）和第二区制（2008 年之后）各变量的累积政府支出乘数。与图 5.3 中呈现的两区制下各变量的政府支出乘数的变化相符：在两区制内，无论经济繁荣还是低迷，政府支出扩张都显著提高政府投资，且有货币宽松与之配合。对比图 5.7 和图 5.8 中 2008 年前后各变量的政府支出乘数显示，产出乘数在 2008 年之后下降，而投资乘数，尤其是基础设施建设投资乘数在 2008 年之后明显升高。而且，表 5.7 中各区制内经变量的政府支出乘数在济繁荣和衰退时的均值与表三中相应区制内变量乘数的中位数也基本吻合。

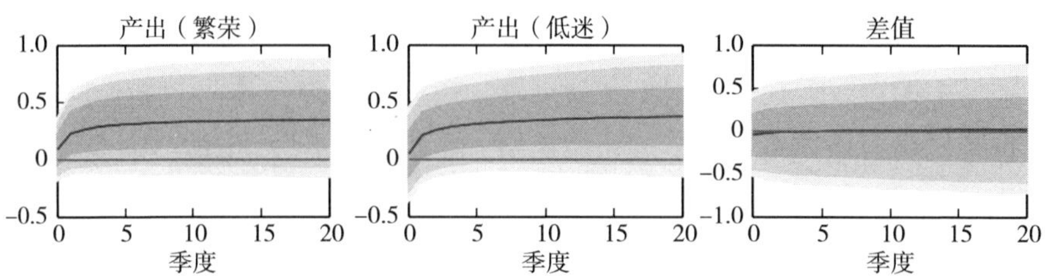

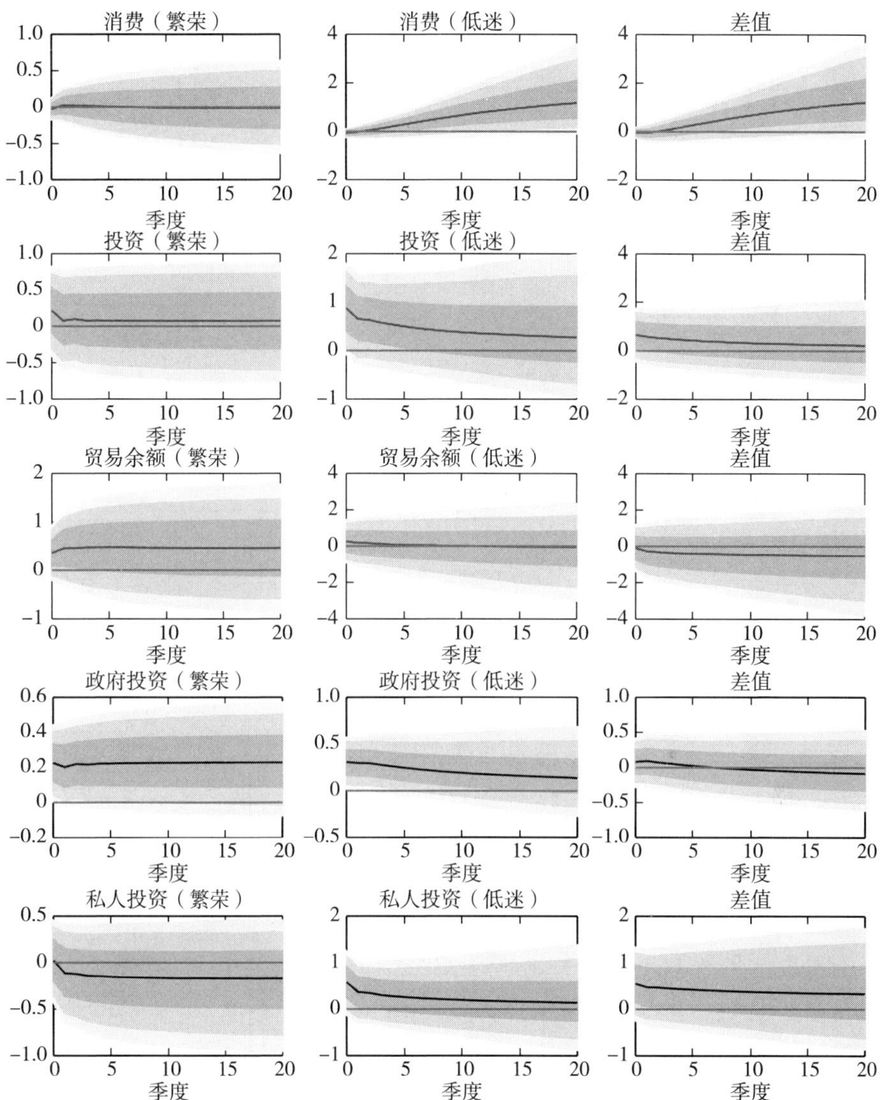
消费（繁荣）
消费（低迷）
差值
投资（繁荣）
投资（低迷）
差值
贸易余额（繁荣）
贸易余额（低迷）
差值
政府投资（繁荣）
政府投资（低迷）
差值
私人投资（繁荣）
私人投资（低迷）
差值
季度
1.0
0.5
0
−0.5
−1.0
4
2
−2
1
−1
−4
0.6
0.4
0.2
−0.2
5
10
15
20

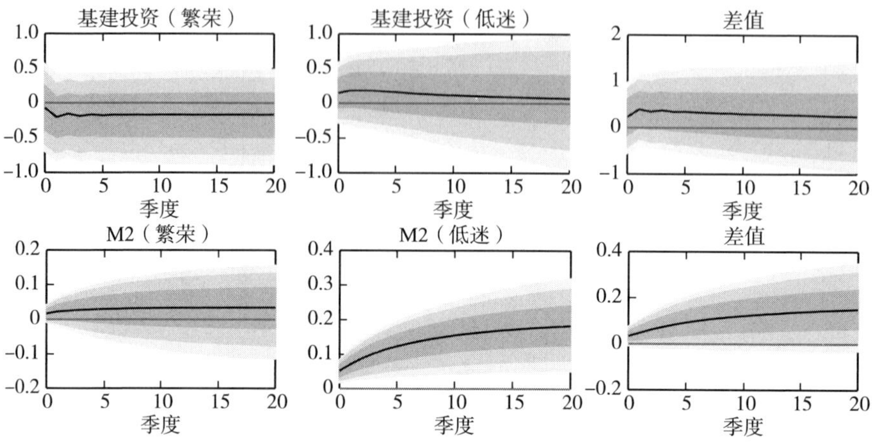

图 5.7　不同经济状态下的政府支出乘数及其差值（第一区制）

注：实线为中位数，灰色区域由深到浅依次为 68%、90% 和 95% 置信区间。

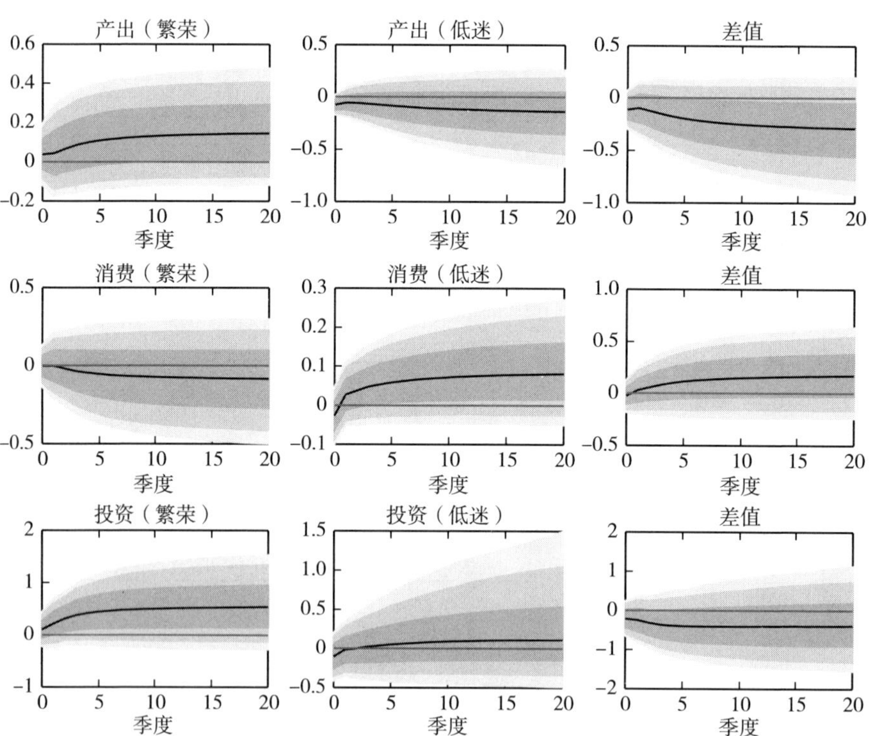

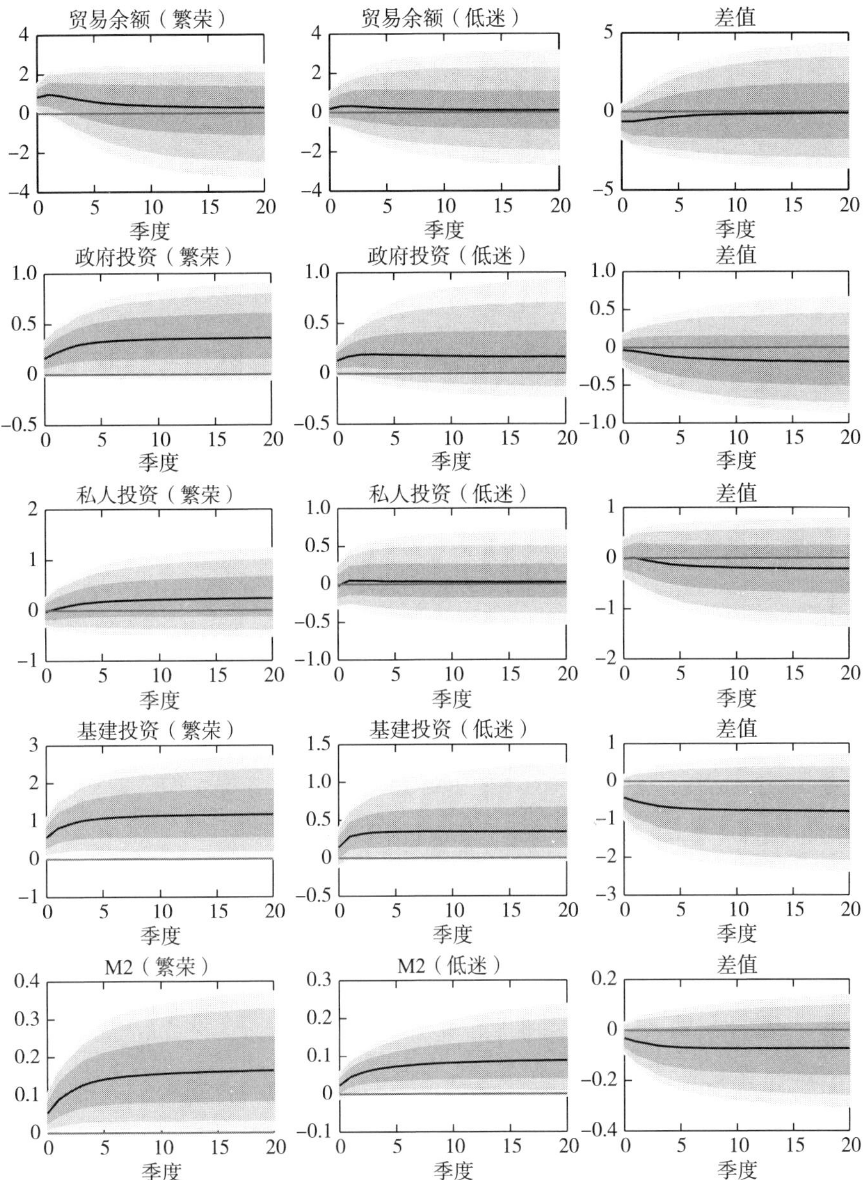

图5.8 不同经济状态下的政府支出乘数及其差值（第二区制）

注：实线为中位数，灰色区域由深到浅依次为68%、90%和95%置信区间。

表 5.7　不同经济状态下的累积财政消费支出乘数的中位数

指标	经济繁荣				经济低迷				差值			
	当期	一年	三年	五年	当期	一年	三年	五年	当期	一年	三年	五年
	第一区制											
产出	0.0936	0.2875	0.3341	0.3434	0.0508	0.2833	0.3512	0.3744	-0.0442	-0.0091	0.0131	0.0214
消费	-0.0292	0.0195	-0.0083	-0.0142	-0.0681	0.1212	0.7369	1.1414	-0.0428	0.0947	0.7486	1.1699
投资	0.2153	0.0765	0.0724	0.0746	0.8710	0.5726	0.3609	0.2785	0.6451	0.4883	0.3020	0.2277
贸易余额	0.3603	0.4745	0.4687	0.4605	0.2686	0.1274	0.0130	-0.0352	-0.0936	-0.3588	-0.4628	-0.5141
政府投资	0.2245	0.2151	0.2256	0.2266	0.3042	0.2749	0.1821	0.1411	0.0785	0.0555	-0.0388	-0.0820
私人投资	0.0232	-0.1418	-0.1675	-0.1710	0.5737	0.2958	0.1832	0.1418	0.5464	0.4458	0.3658	0.3326
基建投资	-0.0732	-0.1881	-0.1694	-0.1681	0.1469	0.1825	0.1097	0.0742	0.2256	0.3697	0.2910	0.2466
M2	0.0166	0.0271	0.0329	0.0341	0.0513	0.1026	0.1592	0.1811	0.0347	0.0746	0.1265	0.1483

续表

指标	经济繁荣				经济低迷				差值			
	当期	一年	三年	五年	当期	一年	三年	五年	当期	一年	三年	五年
	第二区制											
产出	0. 0365	0. 0861	0. 1343	0. 1442	-0. 0764	-0. 0670	-0. 1197	-0. 1375	-0. 1125	-0. 1542	-0. 2589	-0. 2873
消费	-0. 0030	-0. 0366	-0. 0749	-0. 0834	-0. 0270	0. 0474	0. 0730	0. 0800	-0. 0250	0. 0817	0. 1505	0. 1675
投资	0. 1043	0. 3798	0. 5096	0. 5356	-0. 1044	0. 0211	0. 0926	0. 1094	-0. 2112	-0. 3570	-0. 3973	-0. 3889
贸易余额	0. 8338	0. 7855	0. 3551	0. 2793	0. 1875	0. 2937	0. 1221	0. 0852	-0. 6391	-0. 4678	-0. 1721	-0. 1268
政府投资	0. 1644	0. 2975	0. 3531	0. 3618	0. 1318	0. 1934	0. 1720	0. 1657	-0. 0323	-0. 0941	-0. 1704	-0. 1864
私人投资	-0. 0186	0. 1350	0. 2215	0. 2403	-0. 0197	0. 0455	0. 0294	0. 0259	-0. 0044	-0. 0865	-0. 1958	-0. 2167
基建投资	0. 5747	1. 0052	1. 1477	1. 1682	0. 1446	0. 3375	0. 3484	0. 3458	-0. 4323	-0. 6541	-0. 7672	-0. 7939
M2	0. 0536	0. 1258	0. 1573	0. 1637	0. 0229	0. 0638	0. 0827	0. 0877	-0. 0312	-0. 0618	-0. 0724	-0. 0728

具体对比 2008 年前后财政政策效果的周期性，如图 5.7 所示，2008 年以前产出的政府支出乘数显著为正，经济繁荣和低迷时五年累积乘数都在 0.3～0.4，指示积极财政政策的逆周期调节效果并不会因为经济低迷而增强。具体看 GDP 分项和分类投资的反应，除了贸易余额乘数略微顺周期、政府投资乘数没有明显周期性以外，其余变量的乘数均为逆周期。而且，从经济繁荣和低迷时 M2 的累积乘数对比来看，经济低迷时货币政策对财政政策的配合程度更高。对于政府支出扩张没有在经济低迷时对产出起到更加有力的提振效果可能的解释为：1998 年中国首次采用积极的财政政策对宏观经济进行逆周期调节，20 世纪 90 年代后期正值国有企业改革攻坚期，银行系统呆坏账问题一直持续到 2000 年中期，这些结构性因素叠加逆周期宏观调节的经验不足可能限制了财政扩张在经济低迷时提振经济的效果。

2008 年以后，政府支出冲击的产出乘数显著顺周期，经济繁荣时五年累积乘数为 0.14，而在经济低迷时的五年累积乘数降为 -0.13（统计不显著）。政府支出增加仅对消费有逆周期影响，对其他变量的影响顺周期。结合这些变量的反应综合分析，造成政府支出逆周期调节效果出现恶化可能有两方面原因。一方面，总投资、基础设施建设投资以及 M2 的政府支出乘数显著顺周期表明，2009～2015 年各级政府在保增长压力下忽略了财政政策的逆周期调节功能，用积极财政政策促增长而不是稳增长。在经济情况好、市场流动性高的时候没有保留足够的政策空间，导致经济低迷时财政刺激乏力。另一方面，2008 年后，实施积极的财政政策已经超过 10 年。尽管官方财政赤字率在 2020 年新冠肺炎疫情前始终保持在 3% 以内，但考虑地方融资平台发债、土地出让金和专项债等准财政收入后，广义财政赤字率已经接近 10%（Zhang and Barnett，2014；IMF，2019）。以尔赛格和林德（Erceg and Linde，2014），哈格多恩等（Hagedorn et al.，2019）和布林卡等（Brinca et al.，2020）为代表的理论研究，和以米特尼克和塞姆莱尔（Mittnik and Semmler，2012）和里埃拉·克莱顿等（Riera - Crichton et al.，2015）为代表的实证研究一致表明财政赤字持续扩大，会降低政府支出乘数。这意味着，长期实行扩张性的财政政策，有可能落入财政扩张力度加大—财政刺激的边际效果变差—财政扩张进一步加大的循环，导致经济增长逐渐放缓、财政调控经济能力减弱、政府广义债务风险累积共存的不利局面

（刘尚希，2020）。

总的来讲，与陈诗一和陈登科（2019）基于工业增加值作测度月度产出得到的政府支出乘数逆周期结论不同，本节发现基于季度数据、用实际GDP 测度总产出，政府支出乘数在 2008 年以前没有明显周期性，而在2008 年之后变为顺周期。可能的原因是在经济低迷时，以增加基础设施投资为主导的财政刺激有效拉动了工业部门的产出，但是在实施的过程中伴随着资源错配和对私人消费的挤出作用，对在 GDP 中占比更高的其他部门产出的提振作用有限。尤其是 2008 年以后，各级政府在保增长压力下，经济繁荣时没有保留足够的政策空间，财政政策逆周期调节效果进一步恶化。

5.6　总　　结

本节分析了中国政府支出乘数的时变和状态依赖特征，通过分析支出法 GDP 分项以及分类投资的政府支出乘数，探究政府支出冲击的传导机制，通过对比政府消费和投资支出影响的差异，分析政府支出构成对乘数的影响。主要发现是，中国财政政策以 2008 年为界，在支出乘数、传导机制和周期性各方面均发生了明显变化：从支出乘数看，2008 年前，中国政府支出对 GDP 的五年累积乘数为 0.3，2008 年后五年累积乘数降至0.03；从传导机制看，2008 年前政府支出冲击挤入居民消费，小幅挤出投资，2008 年后，政府支出冲击开始挤出居民消费，挤入投资；从周期性看，2008 年前，政府支出乘数基本没有周期性，2008 年后则呈现一定的顺周期性——随着经济产出缺口由正转负，政府支出乘数不升反降。此外，政府投资支出乘数小于消费支出乘数。

通过对主要宏观经济变量政府支出乘数的分析发现，政府支出和融资结构的变化，可能是政府支出乘数和传导机制变化的重要原因。2008 年后，政府支出向基础设施建设投资领域集中。由于刺激支出力度远超财政收入，政府更加依赖预算外融资，尤其是地方政府以土地等为抵押，通过融资平台公司获得信贷融资。这两方面的变化从投资效率的角度降低了政府支出乘数——依赖债务融资的基础设施建设投资过快增加，会通过边际回报递减、执行时滞、腐败问题、金融资源错配等多个渠道共同导致投资效率降低。

政府支出乘数下降至接近零、顺周期性增强，共同表明财政政策稳增长的效果在2008年后变差。中国实施积极的财政政策已经超过10年。在稳增长、官员“晋升锦标赛”等压力下，财政政策立场持续倾向扩张，广义财政赤字率和政府负债率持续上升，削弱了政府支出扩张的效果，导致政府支出乘数顺周期。

本章实证分析表明，中国财政政策应当逐渐淡化短期稳增长的角色，更加聚焦于贯彻新发展理念，解决中长期结构性问题。由于政府支出乘数已经很低，依靠扩大财政投入尤其是传统基础设施建设投资稳增长已经难以为继。只有聚焦创新、协调、绿色、开放、共享的发展理念，财政政策才能有更多作为。事实上，财政政策近年来已经开始在贯彻新发展理念方面下功夫。例如，精准扶贫政策针对协调和共享理念，通过边际消费向更高的低收入人群倾斜，改善收入分配，有助于在需求侧提高政府支出提振经济的能力（Hagedorn et al.，2020）。

全球新冠肺炎疫情爆发，中国外部环境发生重大变化，对财政政策贯彻新发展理念提出了更加迫切的要求。中央提出加快形成以国内大循环为主体、国内国际双循环相互促进的新发展格局。要实现国内大循环，关键是进一步提高居民消费能力，意味着财政政策应当在贯彻协调发展、共享发展理念，调节收入分配、缩小贫富差距方面下更大功夫，通过增大向低收入人群和地区转移支付、完善社会保障体系等手段，提高居民消费能力和意愿。这也是解决发展不平衡问题和社会公平正义问题的应有之义。

要在提高居民收入的同时，从供给侧提高中国产业链的稳定性和竞争力，必须加快生产率提升和技术进步，财政政策应当更加注重鼓励创新（Akcigit and Stantcheva，2020）和贯彻绿色发展的理念（Stock，2020）。传统上，中国财政政策主要是释放基础设施的正外部性，提高经济社会运行效率。当前传统基础设施已经较为发达，提高效率更需依赖“新基建”提升生产率，同时发挥环境治理的正外部性。但无论是“新基建”还是清洁能源和技术的推广，技术密集度都高于传统基建，政府亲自推动未必有比较优势，需要调动私人部门（企业和消费者）积极主动参与。因此，政府在顶层设计把握鼓励创新和绿色发展大方向的前提下，应当更多考虑通过适当的财税安排，降低私人部门通过创新来推动“新基建”以及采用清洁能源和技术的成本。“新基建”和环保对短期产出的贡献可能不及十万亿数量级的传统基建，但是给定当前政府支出乘数较低，财政政策应淡化短期拉动需求稳增长的目标，强化提升中长期供给侧生产率和竞争力的作用（郭庆旺和贾俊雪，2006）。

第6章

地方层面的中国政府支出乘数

6.1 引　言

2008年以后政府支出乘数文献的主要进展之一是开始利用面板数据研究政府支出的跨地区变化对区域经济的影响。这些研究估计了地方政府支出乘数，提供了各地区政府支出变化带来的相对效应的信息，保持财政政策和其他政策的总效应不变。例如，中村和斯坦森（Nakamura and Steinsson，2014）、杜波和格雷罗（Dupor and Guerrero，2017）、苏亚雷斯·塞拉托和温根德（Suárez Serrato and Wingender，2016）用前沿方法识别外生的地方政府支出变化，估计了美国的地方政府支出乘数。博纳蒂尼等（Bernardini et al.，2019）发现地方经济松弛、家庭债务水平以及它们之间的相互作用可以解释美国地方政府支出乘数的跨州异质性。地方政府支出乘数相对于全国层面的乘数有两个优势。第一，使用分类数据可以显著增加观测值的数量，提高估计精度。第二，探究地方政府支出乘数的决定因素有助于理解财政政策传导机制，这是设计有效的财政政策先决条件。

近期的研究多集中在发达经济体，而对包括中国在内的发展中国家关注甚少。财政政策在稳定中国经济增长中发挥着至关重要的作用，如为应对突如其来的2008年金融危机，中央在2008年底推出“四万亿”财政刺激计划。估算国家层面政府支出乘数的实证研究发现，中国经济的国家层面政府支出乘数显著高于1（例如 Wang and Wen，2017；Zhang et al.，2019），且高于拉米和祖拜尔（Ramey and Zubairy，2018）基于美国数据估计的国家层面政府支出乘数（0.6－1）。少数关于地方政府支出乘数的著作发现其低于1（例如 Chen et al.，2017；Guo et al.，2016），明显低于以中村和斯坦森（2014）为代表的美国地方政府支出乘数的估计值（1.8左右）。

中国地方政府支出乘数值得深入研究，因为地方政府在中国实施财政政策中发挥着至关重要的作用。不同地区间不仅存在风俗文化差异，在经济发展水平和政府治理效率方面更是存在明显差距。现有研究发现的地方政府支出乘数小于1表明财政刺激的效果在不同地区没有明显差异。造成这些低于1的地方政府支出乘数估计结果可能是实证策略选择的问题，例如所选的工具变量不能解决内生性问题。比如，郭等（Guo et al.，2016）基于2001～2009年中国县级数据，估计相对政府支出乘数为0.6。他们以中央政府对国家级贫困县的转移支付作为地方政府支出的工具变量（IV）来估计地方政府支出乘数。根据定义，国家级贫困县的产出较低，也正是因为此原因，他们获得更多的转移支付。由于这些转移支付的目标是平衡地方政府的预算，因此转移支付的变化至少有一部分是由地方产出的差异引起的。因变量与Ⅳ之间的负相关关系使估计值低于1。陈等（Chen et al.，2017）根据2001～2015年的数据，发现省一级地方政府支出乘数在1左右。他们将地方产出与地方政府支出以及社会融资总额进行回归。由于中国独特的体制，财政刺激往往同时涉及政府支出和信贷的增加。多重共线性问题可能会使他们的估计出现偏差。

本章的研究涉及两方面内容：（1）估计地方层面的政府支出的产出、投资和信贷乘数，探究地方政府支出扩张的传导机制；（2）检验地方政府支出乘数的周期性。本章同时采用省级和地级市数据进行这两方面分析，将两套数据的结果进行对比，评估地方政府支出扩张区域外溢效应。针对省级数据时间跨度较长的特点，本章对比了1994年分税制改革前后省级政府支出乘数及其周期性的差异，分析了财税体制改革如何影响政府支出效率。主要发现可以总结为以下三点：

首先，估计得到的中国地方政府累积乘数显著为正，基于省级数据得到的产出乘数显著大于1，而基于地级市得到的数据在0～1。地级市政府支出乘数低于省级政府支出乘数主要是因为地级市需要从其他地区进口的商品份额高于省，地级市政府支出增加对其他地区的溢出效应更强，与乔多罗·赖希（Chodorow – Reich，2019）的分析一致。虽然不具有完全可比性，基于省级数据估计的相对乘数与基于美国州级数据得到的结果类似（例如 Nakamura and Steinsson，2014；Bernardini and Peersman，2018）。而且，地方政府支出乘数显著为正与中国各省、市财政政策效果差异较大的事实是一致的。

其次，基于省级数据的估计结果显示地方政府支出的产出乘数在 1994 年以后开始呈现逆周期性，与基于起始时间为 2000 年的地级市数据估计结果一致。结果表明，1994 年的分税制改革开启了中国财税体制现代化进程，各级政府的财政政策逐渐展现出逆周期调节功能。政府支出乘数的周期性是文献关注的重要问题，现有文献基于国家层面的数据对此进行了广泛的研究，而基于地方层面数据的研究有限。伯纳迪尼、施莱德和皮尔斯曼（Bernardini，De Schryder and Peersman，2019）是少有的例外，他们利用美国州级数据估计地方政府支出乘数，发现其具有逆周期性，与本章发现一致。

最后，地方政府支出的投资和信贷乘数显著为正，投资乘数呈现显著逆周期性，信贷乘数周期性不显著。在地方层面，信贷政策很可能不完全独立于财政政策，政府支出扩张伴随着信贷放松，因此实证分析发现政府支出增加挤入投资，而非像 IS – LM 模型所分析的通过提高融资成本挤出投资。关于投资和信贷乘数周期性的结论强调地方信贷政策在经济下行时并没有与财政政策有更强的配合，经济低迷时期对投资的挤入作用更强可能是由于政府支出构成中基建投资占比更高导致的。本章关于投资和信贷乘数的发现与艾尔巴赫、戈罗德尼琴科和莫菲（Auerbach，Gorodnichenko and Murphy，2012）利用美国城市数据发现的地方军费支出增加伴随着当地信贷利率下降的结论相符。同时，投资和信贷乘数的表现也体现出地方金融分权与财政分权之间确实存在紧密联系，二者相互作用对财政政策效果产生重要影响（例如，毛捷、刘潘、吕冰洋，2019）。

本章其余部分的结构安排如下。第 6.2 节介绍数据和实证方法。第 6.3 节展示省级和地级市层面的地方政府支出乘数估计结果。第 6.4 节分析地方政府支出乘数的周期性。第 6.5 节是对本章内容的总结。

6.2　研究方法与数据

本节将依次介绍模型估计所需省级和市地级数据、政府支出冲击识别方法以及估计政府支出乘数的计量方法。本章基于省级和地级市两套数据分别估计政府支出乘数并分析其决定因素主要有两点原因：（1）虽然省级和地级市数据都是年度数据，但是省级数据从1978年开始而地级市数据从2000年开始，因此省级数据的优势在于可以对比1994年分税制改革前后政府支出乘数的估计值以及政府支出效率周期性的变化；（2）由于文献关于中国地方政府支出乘数的研究大多利用地级市数据，本章基于地级市数据估计的结果可以和文献作对比，分析估计方法对估计结果的影响。

6.2.1　省级数据

本章的省一级数据来自中国国家统计局。估算涉及1978～2016年所有省份（除海南和西藏外）的年度GDP、政府支出和政府税收。因此，样本为29个省级单位（其中包括4个直辖市[①]、3个自治区和22个省）。[②]变量采用全国GDP平减指数转化为实际值。参照高顿和克伦（Gordon and Krenn，2017）和拉米和祖拜里（Ramey and Zubairy，2018），将省一级的实际GDP、实际政府支出和实际税收除以估计的潜在实际GDP，从而使这些变量以相同的单位计量。因此，在计算累计政府支出乘数可以直接用实际GDP的累计变化除以政府支出的累计变化来得到。潜在的实际GDP采用Hodrick－Prescott滤波法估算，遵从拉文和乌利格（Ravn and Uhlig，2002）对年度数据的建议，平滑参数$\lambda=6.5$。

① 4个直辖市指的是北京、上海、天津和重庆。

② 样本不包括西藏和海南，因为西藏具有地位特殊，而海南是在1988年之后才从广东省分离出来的（所以它在样本期的大部分时间里没有观测值）。事实上，如果将西藏纳入样本，结果也是类似的。重庆纳入样本可能存在争议，因为重庆在1997年成为中央直辖城市之前属于四川省。然而，将重庆排除在样本之外，结果并没有受到实质性影响。

6.2.2 地级市数据

城市层面数据来源于《中国城市统计年鉴》和各省统计年鉴，包括城市的 GDP、财政支出、固定资产投资和信贷规模。其中，信贷规模由年末金融机构贷款余额与名义 GDP 的比值衡量，其余变量皆是以 1978 年为基期的省级 GDP 平减指数平减后的实际值。实证分析样本包含 310 个城市。为尽可能多地保留城市数据，我们允许城市之间样本截止时间存在差异。受到年末金融机构贷款余额数据从 2000 年开始的限制，基于地级市数据的乘数估计样本从 2000 年开始到 2016 年结束。

6.2.3 估计政府支出冲击

现有文献提出了多种识别政府支出冲击的方法，然而这些方法都有各自的问题。这里我们不试图论证哪种政府支出冲击的识别方法最优，而是出于数据可得性问题，直接采用布兰查德和佩罗蒂（Blanchard and Perotti，2002）提出的递归识别策略。我们为每个省（或者市）估计了一个标准的 VAR 模型，变量排序为第 i 个省（或者市）的实际政府支出 $G_{i,t}$、实际政府收入 $T_{i,t}$和实际 GDP $Y_{i,t}$。VAR 模型有两期滞后。通过对残差的协方差矩阵 Cholesky 分解得到结构影响矩阵。识别出的省（或者市）一级政府支出冲击。基本的识别假设是，省（或者市）一级的支出变化不会对每一年内的其他内生变量（该省或者市的税收收入和产出）产生反应。

VAR 模型的估计采用了由詹诺尼（Giannoni，2015）提出的贝叶斯方法。这种方法比标准 OLS 方法更适合估计参数密集的 VAR 模型，因为它可以利用信息先验将模型向简约基准收缩，有效地提高估计精度。我们将支配收缩程度的超参数作为额外的未知参数，参考詹诺尼（2015）为它们选择前验值，让数据决定它们的后验值。按照层次模型的思路将超参数作为额外的未知参数进行估计极大地提高了估计的效率以及精度，超参数的设定和超参数的先验分布参数选择也同样来自詹诺尼（2015）。

图 6.1 显示了 29 个省份的政府支出冲击估计值的中值。已识别的省一级政府支出冲击在各省份之间大多为正相关，其随时间发生的变化与中国财政政策历史上的关键事件十分吻合。已识别的 31 个系列的政府支出

冲击的协方差在 -0.0359～0.856，当从样本中剔除西藏和海南两省时，所有的相关性均为正值。其余 29 个省份的政府支出冲击的对偶相关性均为正值。1978 年经济改革后，为适应经济改革政策，20 世纪 80 年代中期地方财政政策变得扩张，同时面临 80 年代末 90 年代初经济过热的风险，地方财政政策趋紧。后来，当 1998 年亚洲金融危机和 2008 年全球金融危机给中国经济带来强烈的"硬着陆"风险时，地方财政政策在这一时期高度扩张。与之相符，这两个时期大部分省份的政府支出冲击估计为正。

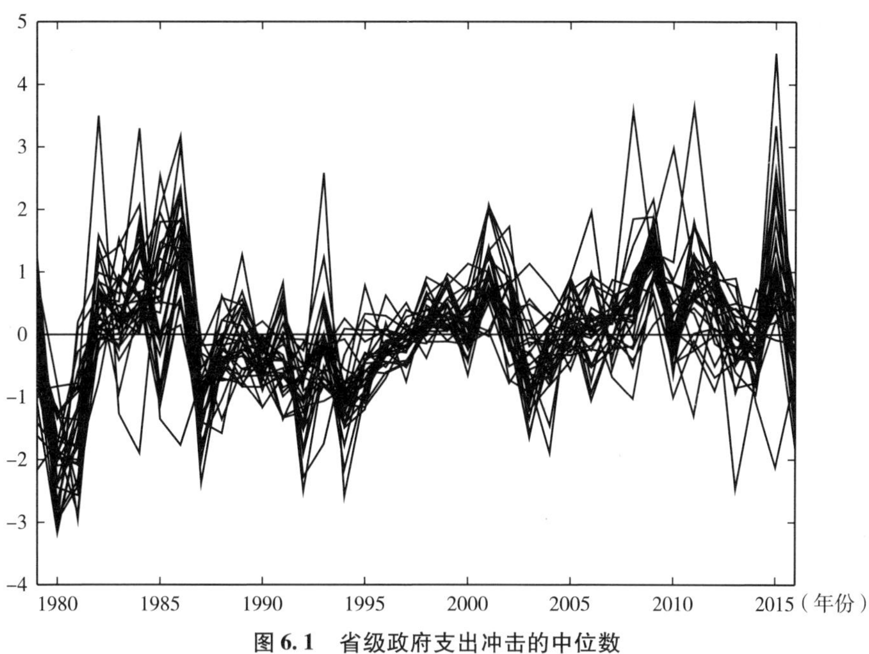

图 6.1　省级政府支出冲击的中位数

注：图中展示 29 个省份的政府支出冲击中位数。

图 6.2 展示了基于 169 个城市的估计结果。绝大多数城市的政府支出冲击波动幅度类似，且高度相关，只有少数几个城市政府支出冲击波动较大。超过 50% 的城市在 2008～2010 年之间政府支出冲击为正且高于样本其他时期，证实了识别出来的政府支出冲击的合理性。

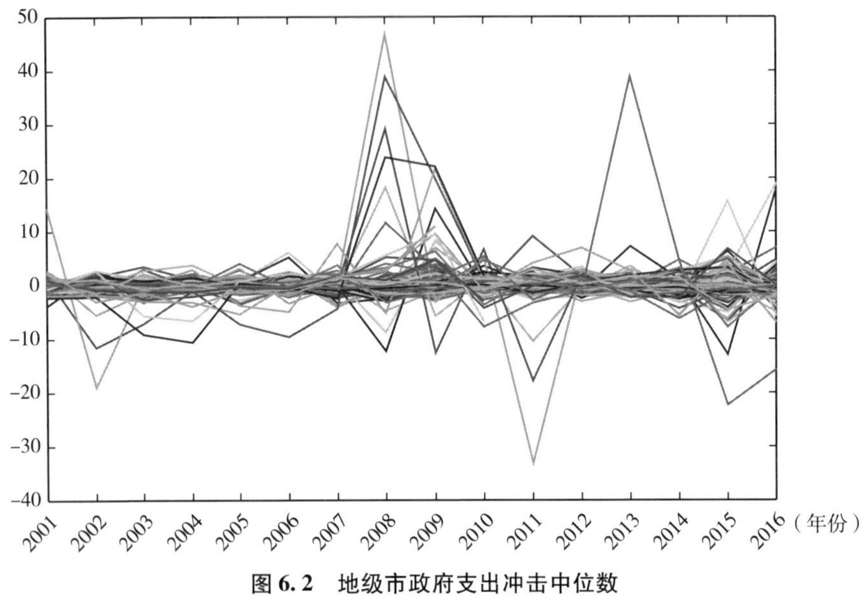

图 6.2　地级市政府支出冲击中位数

注：本图中展示 169 个地级市的政府支出冲击中位数。

6.2.4　计量方法

1. 基准模型

我们采用乔尔达（Jordà，2005）提出的局部投影法来估计地方政府支出乘数，以及评估地方领导政治激励对政府支出乘数的影响。近几年研究政府支出乘数状态依赖特征的文献大多采用此方法（例如 Ramey and Zubairy，2018；Bernardini and Peersman，2018）。局部投影法相对于标准的 VAR 模型有两个主要的优势：第一，需要估计的参数较 VAR 模型少很多，且模型形式灵活，容易加入交互项来研究政府支出乘数的状态依赖特征；第二，局部投影法对变量脉冲反应没有施加任何限制条件，因此模型误设定的概率更低。

用于估算地方政府支出乘数的基准模型如下：

$$\tilde{X}_{i,t+h} = \alpha_i^h + \gamma_t^h + \sum_{l=1}^{L} B_{h,l}\tilde{Z}_{i,t-l} + \beta_h\, shock_{i,t} + \varepsilon_{i,t+h} \quad h = 0,\ 1,\ \cdots,\ 5 \tag{6-1}$$

其中，$\tilde{X}_{i,t+h}$是我们感兴趣的变量，对于省级数据可以是地方 GDP、固定资产投资（FAI）或者地方政府支出，对于地级市数据可以是转换后的GDP、固定资产投资或信贷规模。α_i^h 表示省或者城市固定效应，捕捉了不随时间变动的地方特征，如经济发展水平、资源禀赋等；γ_t^h 代表时间固定效应，控制了经济政策的总体冲击，如货币政策和金融监管政策的改变等，因此，本书估算的政府支出乘数是地方政府的相对乘数，即某一地方政府支出相对于全国平均水平增加一单位会带来产出（投资或信贷）相对于全国平均水平变化多少（Nakamura and Steinsson，2014）。这里设定 $h=5$。$\tilde{Z}_{i,t-l}$是一组控制变量，若因变量是 GDP，$\tilde{Z}_{i,t-l}$包括 GDP 及财政支出的滞后项；若因变量是其他变量，$\tilde{Z}_{i,t-l}$则包括 GDP 和变量本身的滞后项。不失一般性地，我们设定 $L=1$。[①] $shock_{i,t}$表示采用递归方法识别出来的地方政府支出冲击。$\varepsilon_{i,t+h}$是随机误差项，服从均值为零的多元正态分布。

由此估算出来的残差项即为财政支出冲击。$\{\hat{\beta}_h\}_{h=0}^{H}$是我们最为关心的系数，分别代表 $0-h$ 期产出（投资或信贷规模）对财政支出冲击的脉冲响应。依照拉米和祖拜里（Ramey and Zubairy，2017）的做法，本文利用上面得到的脉冲响应计算各种累积政府支出乘数。以累积产出乘数 M^Y 为例，M^Y 由每一期 GDP 对政府支出冲击的反应 $\hat{\beta}_h^Y$ 之和除以每一期政府支出对自身冲击的反应 $\hat{\beta}_h^G$ 之和得到，即 $M^Y = \frac{\sum_{h=1}^{H} \hat{\beta}_h^Y}{\sum_{h=1}^{H} \hat{\beta}_h^G}$。

2. 状态依赖模型

为探究经济周期对地方政府支出乘数的影响，我们将测度地方经济周期的状态变量 $S_{i,t}^*$引入基准模型：

$$\begin{aligned}\tilde{X}_{i,t+h} = {} & \alpha_i^h + \gamma_t^h + \sum_{l=1}^{L} B_{h,l}\tilde{Z}_{i,t-l} + \beta_h\, shock_{i,t} + \tilde{\mu}\, S_{i,t-1}^* \\ & + \sum_{l=1}^{L} B_{b,h,l}\tilde{Z}_{i,t-l} \cdot S_{i,t-l-1}^* + \beta_{b,h}\, shock_{i,t} \cdot S_{i,t-1}^* + \varepsilon_{i,t+h} \qquad (6-2)\end{aligned}$$

当城市 i 在 t 年处于经济低迷期时$S_{i,t}$赋值为 1，经济繁荣时则赋值为 0。经济周期的判定标准为城市 i 在 t 年的实际 GDP 小于其 HP 滤波趋势，则认为城市 i 在 t 年处于经济低迷期，反之则是经济繁荣期。图 6.3 展示了基

① 假设 $L=2$，本书的结论仍然非常稳健。

于省级和地级市数据计算的经济状态虚拟变量跨省（实线）或者市（虚线）的平均值，数值指示经济低迷的地区占比。结果显示二者大体一致，在2008年金融危机发生后，经济低迷地区的占比明显上升，而2009年以后随着“四万亿”财政刺激的实施，经济增速企稳，经济低迷地区的占比快速滑落。

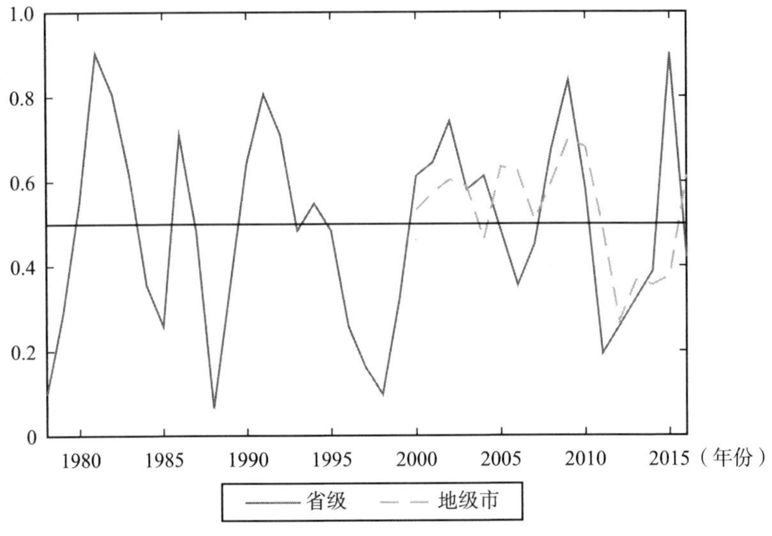

图6.3　经济状态的平均值

经济繁荣和低迷时内生变量的反应分别由$\{\hat{\beta}_h\}_{h=0}^{H}$和$\{\hat{\beta}_h+\hat{\beta}_{b,h}\}_{h=0}^{H}$来测度。

6.3　地方层面的政府支出乘数

1. 基于1978~2016年省级数据的政府支出乘数

基于省级数据估计线性基准模型我们可以得到地方政府支出乘数的一个基准结果，如图6.4所示。图中第一行是基于全样本（1978~2016年）的某省产出、政府支出以及税收相对于全国平均水平对该省政府支出相对于全国平均水平增加的反应，第二行比较了基于1994年以前的子样本和1994年以后的子样本估计的相对脉冲反应，最后一行报告了基于全样本以及以 1994 年为界拆分样本估计的地方政府支出乘数。全样本结果表明，当政府支出受到正向冲击时，一个省的产出以及政府支出相对于全国平均反应显著上升，揭示了地方经济对政府支出冲击的反应存在显著的异质性。如第三行第一面板所示，第一年累计相对政府支出乘数为 1.2，前两年累计相对政府支出乘数为 1.6，与中村和斯坦森（2014）以及苏亚雷斯·塞拉托和瓦格纳（2016）基于美国数据估计的相对政府支出乘数相似，但大于陈等（2017）和郭等（2016）基于中国数据估计的相对政府支出乘数。可能的解释为地理相邻城市之间的人口、货物流动高于地理相邻的省份之间，因此地方政府支出扩张带来更多的城市之间外溢效应，降低了城市层面的地方政府支出乘数。

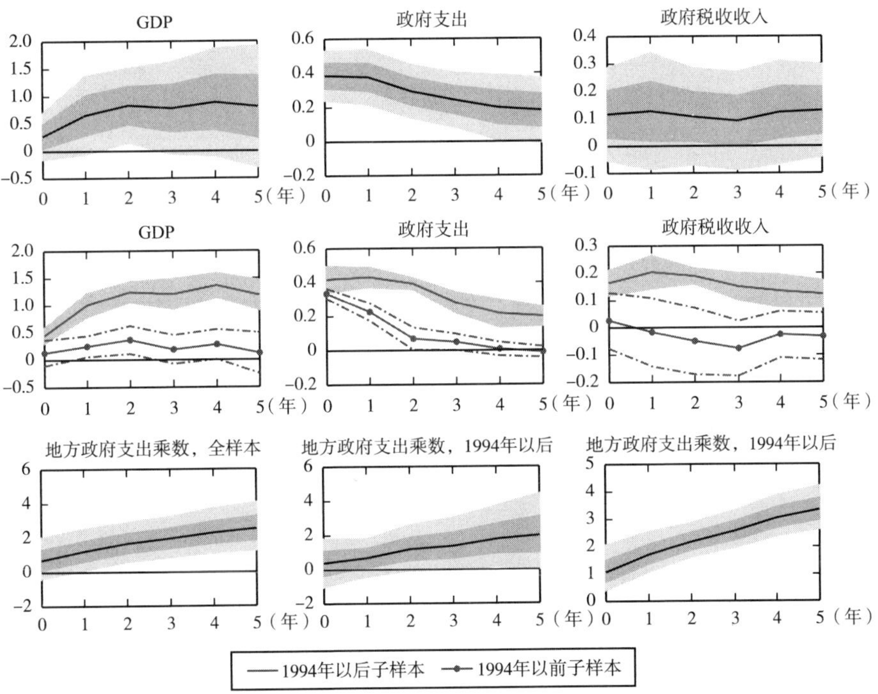

图 6.4　脉冲反应及地方政府支出对产出的累积乘数（基于省级数据）

注：第一和第二行分别展示基于全样本和以 1994 年为界的两个子样本的脉冲反应。第三行展示基于全样本和两个子样本计算得到的累计政府支出乘数。第一行和第三行深灰色区域为 68% 置信区间，浅灰色区域为 95% 置信区间。第二行直接展示 95% 置信区间。第二行展示 68% 置信区间。

我们之所以对比 1994 年前后地方政府支出乘数，是因为 1994 年是中国经济史上的一个关键点，因为它是一系列重要经济改革的开端，这些改革释放了中国经济的巨大潜力，为 2000 年以后经济高速增长奠定了基础。同时，这些改革赋予了地方领导人更大的自由度来设计和实施推动经济增长的政策，从市场结构到宏观经济政策的传导机制，都从根本上改变了中国经济的方方面面。具体到财政政策，1994 年分税制改革使地方政府预算吃紧，地方政府对预算外资金依赖程度的上升，但同时也激发了地方政府的企业家精神，在必要时充分调动包括地方土地、国有企业以及信贷政策等资源来配合财政政策促进地方经济发展。

图 6.4 第二行显示，1994 年以后产出和政府支出的相对反应明显高于 1994 年以前，说明 1994 年以后地方政府支出的异质效应有所上升。事实上，三年累计相对政府支出乘数从 1994 年以前的 1.4 上升到 1994 年以后的 2.5，这意味着 1994 年以来一系列经济改革发生后，地方财政刺激的效果在各省之间差异性增加。图 6.5 展示的固定资产投资（FAI）乘数在 1994 年前后的表现部分解释了 1994 年以后产出乘数变化的原因：地方政府支出增加在 1994 年以前对当地 FAI 并无显著影响，而 1994 年之后，随

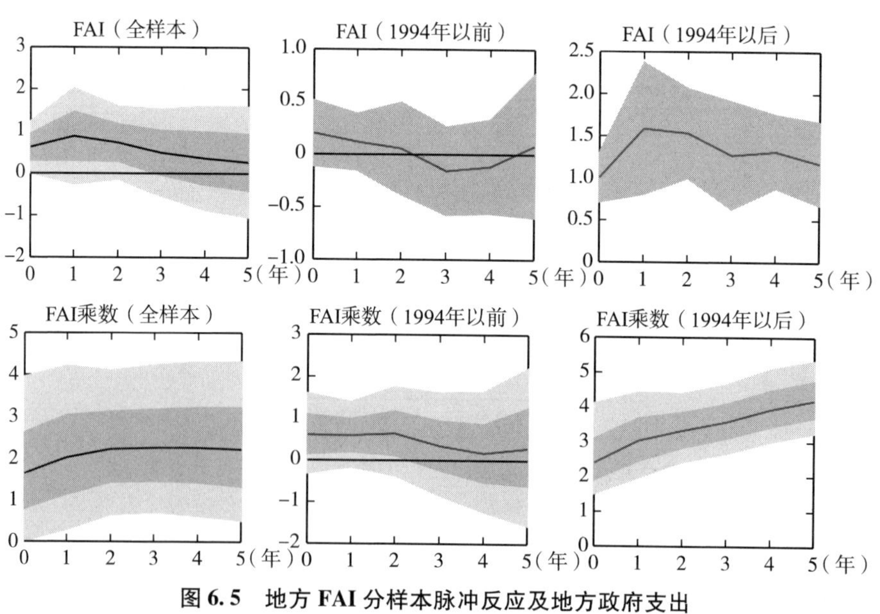

图 6.5　地方 FAI 分样本脉冲反应及地方政府支出对 FAI 的累积乘数（基于省级数据）

着财政以及金融分权的程度加深，对其有显著挤入影响。投资增加本身对产出有带动作用，而且还能提高生产效率，因此对投资的挤入作用上升增强了政府支出扩张对当地产出的提振作用。

2. 基于 2000～2016 年地级市数据的政府支出乘数

图 6.6 展示了利用基准模型估算地方政府支出的产出、投资和信贷乘数的结果。第一行的四幅图分别为产出、投资、信贷和政府支出对政府支出冲击的脉冲反应函数，第二行的三幅图为产出、投资和信贷的累积乘数。其中，线条代表脉冲响应的中位数，阴影部分由深到浅分别代表 68%、90% 和 95% 的置信区间。从第一行的脉冲反应图可以看出，产出对政府支出冲击有正向且持续增加的脉冲响应，投资、信贷和政府支出的脉冲响应也为正，投资和信贷在政府支出上升后持续上升，政府支出的脉冲响应呈先上升后下降的态势并在第 2 年达到最大值。观察第二行的累积产出、投资和信贷乘数发现，地方政府支出的产出乘数、投资和信贷乘数皆为正，三年累积乘数的中位数分别为 0.73、1.82 和 0.98 且高度显著。说明某一城市的政府支出相对于全国平均水平增加，会带来当地产出和固定资产投资相对于全国平均水平的显著增加，总投资以及信贷量同时显著上升。

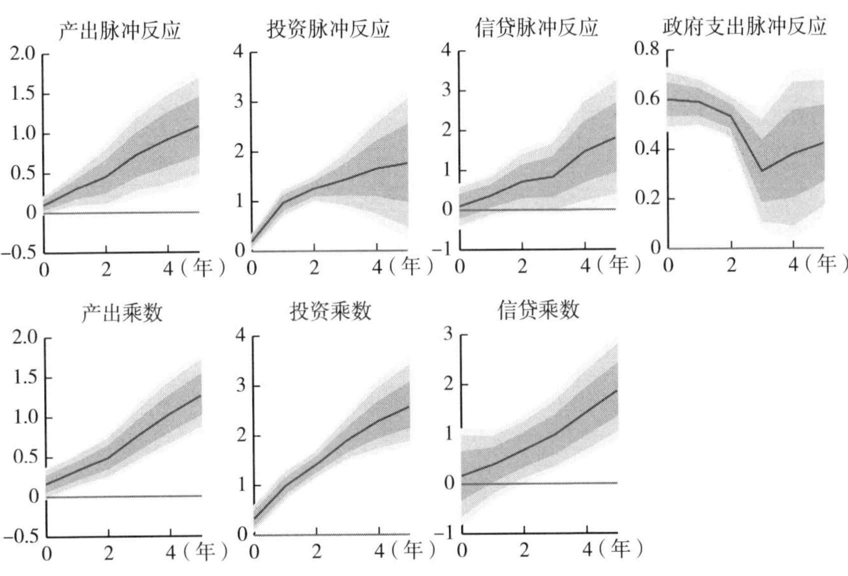

图 6.6　脉冲反应及地方政府支出累积乘数（基于地级市数据）

注：实斜线为中位数，灰色区域由深到浅为 68%、90% 到 95% 置信区间。

基于地级市估计的地方产出和FAI的累积乘数的反应与上述基于省级数据估计的结果一致，而数值略低。印证了地方政府支出在地级市层面确实存在正的外溢效应。相对于已有文献，基于地级市数据估计的地方政府支出乘数的范围略低于陈等（2017）而高于郭等（2016）估计的范围。估计结果的差异可能如第6.1节引言部分所分析，是由于计量方法差异造成的。

6.4 地方政府支出乘数的周期性

政府支出乘数的周期性是文献关注的重要问题，本节基于省级和地级市数据对此进行检验。

1. 基于1978~2016年省级数据的政府支出乘数周期性检验

表6.1展示基于两种经济状态测度估计的省级地方支出乘数在经济低迷和繁荣时期的1~3年累计乘数以及二者的差值。两种经济状态测度分别为国家层面和省级层面经济状态的虚拟变量，两类测度都由实际GDP与用HP滤波方法估计出来的潜在实际GDP的差值是否为负得到，负值表明经济低迷，虚拟变量取值为1。表格前三列的结果显示国家层面的经济状态对于省级政府支出乘数没有影响。表格后三列的结果显示省级政府支出乘数在1994年以后呈现显著逆周期性，而全样本和1994年之前都没有显著影响。

表6.1 政府支出产出乘数的周期性（基于省级数据）

时间	国家层面经济状态测度			省级经济状态测度		
	经济低迷（a）	经济繁荣（b）	差值（a）-（b）	经济低迷（a）	经济繁荣（b）	差值（a）-（b）
全样本结果						
第一年	0.9204 [-0.9035, 3.3597]	1.4608 [0.3859, 2.7960]	-0.5410 [-2.8402, 2.0729]	0.7752 [-0.5824, 2.5302]	1.3256 [0.4526, 2.3838]	-0.7021 [-2.5799, 1.3950]

续表

时间	国家层面经济状态测度			省级经济状态测度		
	经济低迷 (a)	经济繁荣 (b)	差值 (a)-(b)	经济低迷 (a)	经济繁荣 (b)	差值 (a)-(b)
全样本结果						
第二年	1.4362 [-0.2097, 3.7473]	1.8045 [0.8405, 3.0339]	-0.3914 [-2.4859, 2.1033]	1.2294 [-0.0746, 3.1467]	1.6938 [0.8914, 2.7085]	-0.5782 [-2.3392, 1.5959]
第三年	1.6285 [0.0241, 3.9048]	1.5815 [1.1492, 3.3933]	-0.5197 [-2.5730, 1.9441]	1.5609 [0.1225, 3.6062]	1.8829 [1.0161, 3.0070]	-0.5821 [-2.4650, 1.6716]
1994 年以前样本						
第一年	0.3328 [-1.3555, 2.1235]	1.7690 [0.7683, 2.8700]	-1.4512 [-3.4407, 0.6108]	0.5091 [-1.1727, 2.3373]	1.3518 [0.3079, 2.4809]	-1.2697 [-3.2756, 0.8096]
第二年	1.1912 [-0.7010, 3.6182]	1.9947 [0.9063, 3.2477]	-0.7973 [-3.0991, 1.8520]	1.0743 [-0.9026, 3.5006]	1.8926 [0.8105, 3.2045]	-0.9255 [-3.2792, 1.6845]
第三年	1.7621 [-0.3160, 4.5289]	1.8631 [0.7803, 3.0926]	-0.1292 [-2.5832, 2.8159]	1.3923 [-0.5378, 4.0098]	1.9349 [0.8206, 3.3476]	-0.4910 [-2.8003, 2.3345]
1994 年以后样本						
第一年	2.1427 [1.0491, 3.6411]	1.4903 [0.9077, 2.1974]	0.6448 [-0.6319, 2.2495]	2.4406 [1.3772, 4.1012]	1.4408 [0.8373, 2.1965]	1.0021 [-0.3182, 2.7845]
第二年	2.7708 [1.7840, 4.1008]	1.8340 [1.3229, 2.4122]	0.9597 [-0.1950, 2.3348]	3.3002 [2.2560, 4.8115]	1.6655 [1.1361, 2.2946]	1.6273 [0.3933, 3.2302]
第三年	3.3851 [2.2541, 5.0816]	2.0711 [1.5443, 2.6703]	1.3300 [1.5321, 2.6796]	4.0979 [2.8778, 5.9860]	1.8975 [1.3422, 2.5376]	2.2113 [0.7910, 4.1391]

注：表格中汇报中位数和 95% 置信区间。

国家层面的经济状态作为状态变量可视为稳健性检验，因为基准模型的设定决定国家层面的影响由时间固定效应项控制，国家层面的因素不应带来地方乘数的差异，国家层面的经济状态对于省级政府支出乘数没有影响，表明时间固定效应确实可以有效控制国家层面因素对于地方政府支出乘数的影响。

基于省级经济状态测度得到的结论显示省级层面政府支出政策在1994年之后体现出明显的逆周期调节能力，而且地方政府乘数本身在1994年之后显著上升，与图6.4展示的分样本乘数结论一致。这两方面结果都显示1994年的分税制改革提升了财政政策的效率。与陈诗一和陈登科（2019）基于1995~2013年月度数据发现的国家层面政府支出乘数具有明显逆周期性的结论一致。

2. 基于2000~2016年地级市数据的政府支出乘数周期性

图6.7中，第一列表示经济扩张期的地方政府支出累积乘数，第二列表示经济低迷期的地方政府支出累积乘数，第三列是第二列（经济低迷期）与第一列（经济扩张期）的差值。观察图6.7可以发现，产出乘数在经济低迷期显著大于零，在经济扩张期，从政府支出冲击发生之后的第二年显著为正，低迷期显著高于扩张期，呈现出明显的逆周期性。与产出乘数类似，投资乘数在任何时期都为正，且呈现逆周期性，而信贷乘数虽然在任何时期也显著为正，但显著性略低，且没有表现出显著的周期性。

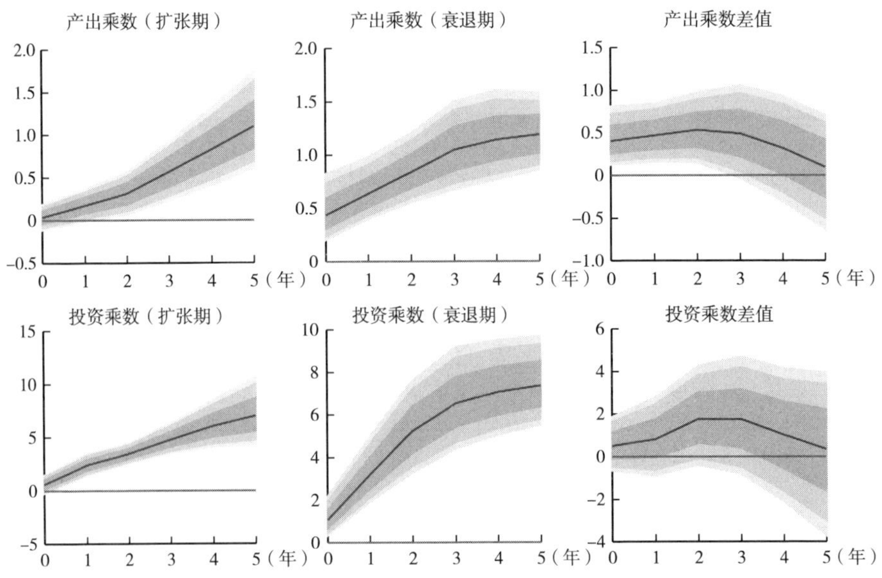

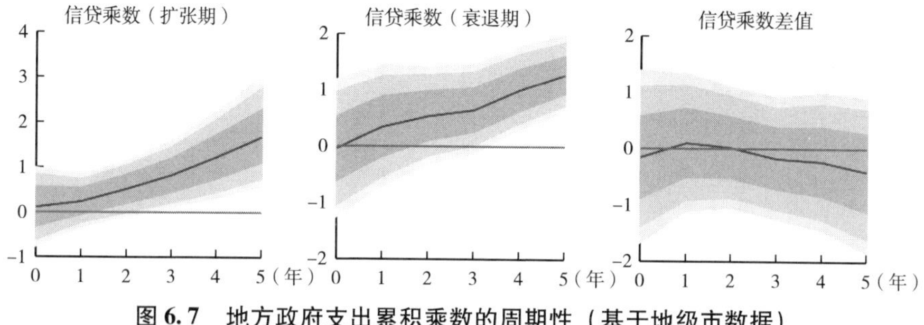

图6.7 地方政府支出累积乘数的周期性（基于地级市数据）

注：实线为中位数，灰色区域由深到浅为68%、90%到95%置信区间。

图6.7的结果表明经济低迷地区产出乘数高于经济繁荣地区的可能原因为政府支出扩张在经济低迷地区对投资的挤出更低。信贷量在繁荣和低迷时乘数无显著差异，表明投资的逆周期性不是由于地方信贷政策与财政政策配合进行逆周期调节导致的，可能的解释为经济低迷时期政府支出结构更倾向于基建项目投资因此对FAI有更强的挤入作用。

6.5 总　　结

本章基于省级和地级市数据，利用局部投影模型估计中国的地方政府支出乘数，并研究地方财政政策的有效性是否受地方经济状况的影响。明确了三个新的事实。第一，地方政府支出乘数显著为正，且在1994年分税制改革后变得更大，这说明各地区财政刺激的效果差异很大，且这种异质性在1994年后有所上升。第二，省级地方政府支出乘数高于地级市层面的地方政府支出乘数，表明地级市政府支出增加对临近城市有更强的正向外溢作用。第三，1994年以后，地方政府支出的产出乘数呈现显著逆周期性，基于地级市数据分析显示，产出乘数的逆周期性主要是由于经济低迷时期地方投资的挤出更少，而非信贷政策与财政政策配合程度逆周期导致的。

本章对于省级和地级市层面地方政府支出乘数及其周期性的研究是对现有文献的有益补充，本章提供的地方政府支出的FAI和信贷乘数以及其周期性的结果为理解地方层面政府支出政策的传导机制提供了新的微观证据。未来的文献可以基于本章的证据结合研究地方“官员政治晋升锦标赛”宏观影响的文献对地方政府支出乘数的决定因素进行进一步的研究。

第 7 章

启示与政策建议

7.1 中国政府支出效率现状评估

自改革开放以来，1997 年亚洲金融危机和 2008 年全球金融危机是中国经历的两次最为严重的外部冲击。应对两次危机，中央都采取了积极财政政策，政府支出强力扩张，帮助中国经济顺利走出危机阴影。然而，国内外经济形势在 1997～2008 年发生了剧烈变化，这两次危机之后政府支出刺激的效率及其对经济的长远影响存在显著差异。

1997 年亚洲金融危机爆发后，中国外需面临严重冲击。此时恰逢国有企业改革攻坚时期，大批国有企业面临重组，数千万国企职工面临“下岗”。中央决定实施积极的财政政策，通过扩大政府支出，缓解经济下行压力。此后，随着金融危机消退、国企改革取得阶段性进展，经济下行压力逐渐减弱。2001 年，中国成功加入 WTO，并利用这一契机，通过拓展国际大循环，实现经济快速发展。外需的增长进而拉动供给增加，包括促进农村剩余劳动力参与全球经济释放人口红利、拉动国内扩大投资增加产能、参与国际竞争促进技术进步三方面。在国际大循环拉动下，经济持续以两位数高速增长。随着经济增长持续加速，积极的财政政策重要性日益下降。2005 年，中国的财政政策由积极转为稳健，成功退出了财政宽松。

2008 年全球金融危机爆发后，中国外需再次面临严重冲击。与 1997 年相比，2008 年危机更深，冲击力度更大，而且经过十余年快速发展，中国劳动力成本优势也明显减弱。2008年底，中央果断推出“四万亿”刺激计划，通过拉动国内基建、房地产等投资对冲外需冲击。强力的财政刺激使中国经济率先复苏。但随着时间推移，扩大投资的弊端逐渐暴露出来。过量投资导致工业供给能力持续增加，但工业需求却并未持续增加。原因是随着收入增长，居民消费中服务的占比会逐渐上升，对工业产品的需求增长逐渐放缓。2010年后，国内投资刺激减弱，外需因全球复苏乏力持续低迷，工业出现产能过剩，最终只能通过供给侧改革去化解无效产能。2009年推出的积极的财政政策已经连续施行超过10年，还没有退出的迹象。

从支出乘数看，2008年前，中国政府支出对GDP的五年累积乘数为0.3，2008年后五年累积乘数降至0.03；从传导机制看，2008年前政府支出冲击挤入居民消费，小幅挤出投资，2008年后，政府支出冲击开始挤出居民消费，挤入投资；从周期性看，2008年前，政府支出乘数基本没有周期性，2008年后则呈现一定的顺周期性——随着经济产出缺口由正转负，政府支出乘数不升反降。此外，政府投资支出乘数小于消费支出乘数。

本书第5章实证分析发现，中国政府支出效率在2008年之后有所下降。具体体现为，政府支出对GDP的影响在2008年之后变弱；2008年前政府支出冲击挤入居民消费，而2008年后，政府支出冲击开始挤出居民消费；2008年后政府支出乘数开始呈现顺周期性。此外，对比1997年和2008年两次大规模财政刺激，前者成功退出，后者没有退出。

2008年后政府支出效率下降且迟迟无法恢复常态，背后的原因是什么？第一，外需走势不同导致财政刺激持续时间不同。1997年财政刺激后，外需逐渐走出低谷，而2008年刺激后，外需长期低迷。面对暂时性外需低迷，财政刺激可以起到较好对冲作用。但面对持久性外需低迷时，短期财政刺激被迫常态化，稳定经济的作用会逐渐减弱，财政刺激的一系列副作用也会逐渐显现，拖累经济长期发展潜力。财政刺激不是免费午餐，要么是用今天纳税人的钱买单，要么是用未来纳税人的钱买单。即使没有直接加税，财政持续扩张，也会强化私人部门对未来加税、减支进行财政整顿的预期，进而降低当前的消费和投资需求。财政刺激还会影响总供给。加税往往意味着居民和企业边际税率上升，这会打击劳动力供给积极性和长期资本存量，从而导致总供给下降。

第二，2008年后政府投资持续大规模扩张，经济可能陷入“动态无效”陷阱。当经济投资过度时，资本产出不及资本投入（或资本回报不及资本成本），会陷入动态无效（dynamic inefficiency）状态。不存在政府干预的情况下，资本应当流向边际回报最高的地方。随着户籍制度逐渐松绑，人口从欠发达地区流向发达地区，资本也应随着人口向发达地区流动才更有效率。但从分省份情况看，20 世纪 90 年代发达省份固定资本形成占 GDP 之比较高，到 2008 年后，不发达省份投资占 GDP 之比反而较高。这表明政府干预投资的去向，或者政府直接进行投资活动，造成了资本在空间上的错配，降低了全国整体投资效率。政府投资过度扩张还造成了投资在主体、类型上的错配。在欠发达省份，国有和集体企业投资占比更高。由于国企投资效率比民企更低，国企投资占比过高会拉低整体投资回报。在欠发达省份，政府主导的基础设施投资占比更高。在人口流出的情况下，基础设施的投资回报率较低，更容易陷入动态无效。此外，欠发达省份的房地产投资在全国房地产投资中的占比明显高于其人口在全国的占比，房地产过量供给超过需要，也降低了投资效率。

第三，财政持续扩张会干预金融资源配置。财政与金融是政府的两个钱口袋，二者像“连裆裤”一样联系在一起（陈雨露、郭庆旺，2013）。政府投资过多，财政收入不足以支撑时，必然需要利用金融系统举债。这种需要强化了政府干预信贷资源分配的激励。1994 年分税制改革后，地方政府事权和支出责任多但财力少，这种不匹配导致地方面临持续的财政压力，需要寻找预算外资金。地方官员的“晋升锦标赛”进一步强化了地方政府的投资冲动，加大了财政压力。由于财政收入远远无法满足需要，从金融系统获取资金便成为地方政府的必然选择。地方政府作为一个具有政治权力和垄断地位的市场主体，必然会想方设法要求金融系统给予其特殊优惠待遇，以扩大融资规模、降低融资成本。于是，财政政策对金融资源的配置形成了干扰。

地方政府对中小银行的持续干预，便是财政干预金融资源配置的一个典型例子。历史上，许多中小银行本身就是在地方政府的支持下，从城市信用社、农村信用社改造而来。地方政府在中小银行的改造诞生、风险处置和财务重组中提供了有力支持。但是在风险应对告一段落后，地方政府干预中小银行的问题日益突出。地方政府不仅占据中小银行的控股权，往往还控制中小银行的人事权，故对其金融资源具有很强的支配权力。实证研究发现，地方政府控制银行的影响更多体现为“掠夺之手”——其决策更多基于地方官员晋升需要，而非银行利润需要。这种干预行为扭曲了市场，降低了金融资源配置效率，妨碍了金融支持实体经济循环，如中小企业融资难、融资贵问题。地方政府利用中小银行加杠杆还是重要的系统性金融风险来源。

地方财政融资需求催生并不断吹大影子银行体系，是财政扭曲金融资源配置的另一个典型例子。“四万亿”刺激计划催生天量地方政府投资需求，在巨大的融资缺口和法律对地方政府发债融资的严格限制下，地方政府纷纷设立城投公司等融资平台，通过向融资平台注入土地等资产、为融资平台债务提供隐性担保等方式，向金融体系大量融资。在宽松的货币政策下，银行体系内流动性充裕，信贷供给旺盛。由于金融分业监管存在套利空间，这些资金通过五花八门、层层嵌套的理财产品、资管、信托计划等通道，绕过监管和法律限制，流向地方融资平台、产能过剩的国企以及房地产等高杠杆部门。2016年，中国非金融企业杠杆率超过160%，在主要经济体中位列第一。其中许多名义上是企业的负债实际上是地方政府的隐性负债。地方政府违规举债行为，不仅加大了地方财政风险，还导致系统性金融风险持续积累。直到2017~2018年中央推出去杠杆政策，控制信贷总量、规范资管业务、整顿银行表外业务和影子银行体系后，才遏制住了非金融企业和地方政府杠杆率过快上升的势头。

地方政府和国有企业大举借债，不仅占据了大量金融资源，加剧了中小企业融资难、融资贵问题，降低了宏观经济运行效率，还拖累了金融系统的改革与发展。中国金融体系以银行和间接融资为核心。创新型企业往往因为现金流不稳定、一段时间不能盈利、缺乏抵押品等原因，难以从银行获得信贷支持。资本市场更适合为创新型企业提供融资。但是中国资本市场发展明显滞后。影子银行的快速膨胀中，有资本市场相关金融机构参与，如银证合作、银信合作等通道业务。但这种“金融创新”本质上是利用金融分业监管的漏洞，套取银行资金牟利，是依附在银行体系上的“怪胎”。影子银行的野蛮生长，不仅不会支持，反而会抑制资本市场的健康发展，限制金融支持真正的创新经济活动的能力，不利于金融支持实体经济“双循环”。

总之，随着2008年以后外需下降、投资过度加剧行业和地区间资源错配、地方政府对地方金融资源频繁干预，地方政府债务率持续攀升，政府支出效率明显下降且政策空间逼近极限。财政政策“加力提效”亟须包括财税体制、政府间关系以及官员考核体系这三方面改革。

7.2 新冠肺炎疫情以后的财政政策与货币政策的关系及其影响

2020 年新冠肺炎疫情后，美国等发达国家纷纷推出力度空前的财政货币宽松，以促进经济复苏。财政货币同时巨幅宽松，在美国经济史上极为罕见。协同宽松是否意味着财政货币政策组合发生格局性的剧变，尤其是通胀结束持续低迷的状态、政府债务滑向不可持续的深渊？政策制定者的目标是通胀稳定和中长期化解政府债务负担。能否实现这两个目标，取决于货币财政政策的协同方式。

如果美联储扩大量化宽松（QE），财政总体维持 2008 年金融危机以后“停停走走”（stop-go）的模式，似乎不足以改变宏观经济格局，通胀很可能继续在低而稳定的状态中徘徊①。QE 本身只是将私人持有的政府债置换为央行的准备金。将一种政府债务置换为另一种政府债务，只能改变政府负债的构成，不能改变政府的债务总量和跨期预算约束。因此，QE 不能通过改变未来财政盈余预期影响物价水平和通胀。2008 年金融危机后的实践表明，QE 主要通过压低期限溢价和风险溢价放松金融条件，从而对实体经济和短期通胀带来一定提振（Wu and Xia，2016）。但是，当前长端利率已经非常低，风险资产价格也处于历史高位，进一步 QE 放松金融条件很可能不及 2008 年危机后，因而难以实质性推升通胀。

如果美联储进一步创新性地向实体经济直接提供融资，财政总体维持“停停走走”，宏观经济格局似乎仍然维持不变，只是通胀可能略高于美联储只是扩大 QE 的情况。新冠肺炎疫情后，美联储针对疫情直接冲击实体经济的特点，打破“救急不救穷”的“白芝浩法则”（Bagehot’s dictum），推出一系列向实体经济提供直接融资的工具，包括一级和二级市场公司债融资工具（PMCCF、SMCCF）、大众企业贷款计划（MSLP）等，可以统

① QE 既可以是央行在二级市场购买政府债，也可以采取央行直接向财政部购买新发政府债的形式。二者的区别主要是后者无须公开交易，对利率市场没有直接的压力，但本质上并无区别。财政部向央行直接发债的利率是任意的。财政部向央行支付的利息在扣除央行运行成本后，会以央行利润的形式返还给财政部。

称为“Main Street QE”，有别于传统上购买国债和MBS的“Wall Street QE”。在疫情冲击下，向实体经济“输血”的效果可能比向金融机构“输血”好得多（Sims and Wu，2020）。但是，向数以百万计的企业直接提供融资并不是美联储的专长。推出的融资工具看似多种多样，但仍有不少大型高风险企业属于“政策孤儿”，不符合任何工具的救助标准。美联储融资工具过度强调自身规避信用风险，导致救助力度不足，支持实体经济的效果也会打折扣（Hanson et al.，2020）。

如果美联储推出收益率曲线控制（YCC）工具，以增强与财政的协同，化解政府债务，通胀预期的锚定将逐渐减弱，通胀波动率将上升。首先，高债务本身会提高通胀的波动，机制是财富效应。如果通胀超预期上升，政府未来债务负担减轻，加税预期下降会提振今天的消费需求，进一步推高通胀。政府债务越高，这种财富效应就越强（Eusepi and Preston，2018）。本来，这意味着货币政策对通胀的反应需要更加敏感。但是，YCC恰恰意味着货币政策对通胀的反应更加不敏感。名义利率的锚定（interest pegging）容易通过真实利率的逆周期变动导致通胀自我强化。在通胀预期修正变快、债务上升、YCC锚定名义利率的共同作用下，通胀的波动率应当会显著提高。从历史看，美国在1943～1951年、英国在20世纪60年代、日本在2016年分别实行YCC后，通胀的走势各异，一定程度印证了通胀波动率上升的结论（Reis，2019）。

如果货币和财政进一步加强协同，推出更加激进的“直升机撒钱”（helicopter money）或紧急不平衡预算（unbalanced emergency budget）等政策工具，将推动通胀温和上行。“直升机撒钱”和紧急不平衡预算都是政府在没有未来财政收入支持的情况下，向私人部门进行转移支付。私人部门预期未来不加税，会增加消费，进而推高通胀。疫情暴发前，鉴于发达国家货币政策空间有限而通胀持续低于目标，曾有学者主张加强货币财政协同，推出央行主导、财政执行的常备紧急财政工具（standing emergency fiscal facility，SEFF），一定程度推高通胀（Bartsch et al.，2019）。比安奇等（Bianchi et al.，2020）的计算显示，短期通胀只需升至2.5%～3%并持续数年，便可化解疫情救助的债务负担。

全球投资者对安全资产的强烈需求（Caballero et al.，2008）有利于美国推出更加激进的货币财政政策组合，同时避免通胀过快上升。21世纪初以来，全球投资者对安全资产的需求日益增长。美国政府债是全球安全资产供给中最重要的组成部分。尽管 2008 年金融危机源自美国，但在全球经济复苏乏力的环境下，全球投资者对美国安全资产的需求不减反增。疫情暴发后，避险和预防性储蓄动机驱动全球安全资产继续快速增加。在此背景下，美国适度增发国债是帕累托改进：对全球投资者来说，安全资产供给增加，有助于提高其预期效用；对美国政府来说，可以更容易地为疫情救助的财政支出买单，有助于经济更快复苏，且无须担忧通胀失控（Hagedorn，2018；Hagedorn，Manovskii and Mitman，2020）。

但是，债务货币化（debt monetization）推高通胀的风险不容忽视。疫情后，在“救助所有人”（bailout everyone）的政治压力下，财政可能不断推出新的救助政策，并从央行手中夺走“直升机撒钱”或紧急不平衡预算的主导权，导致债务货币化。债务货币化的具体形式多种多样，可以是央行直接增加财政存款账户金额，可以是财政向央行发债，然后对这笔债务违约，也可以是财政向央行发行“零息永续债”（zero rate consol）。债务货币化扩大了财政政策的空间，但却是以央行亏损乃至资不抵债为代价，并不能放松整个政府的跨期预算约束。如果财政不愿弥补央行亏损，央行就只能靠加征铸币税来弥补资本金损失，从而推高通胀。

为避免债务货币化导致通胀失控，学者主张“直升机撒钱”、紧急不平衡预算等工具必须由央行主导，且需要明确触发条件、生效期间的通胀目标、灵活迅速调整财政政策的机制，以及退出策略，以维护央行信誉和独立性（Bartsch et al.，2019）。债务化解后，应当退出 SEFF，回归货币积极盯住通胀、财政消极的常态，从而避免通胀持续上升。但是，财政政策有强烈的政治色彩。在民粹主义日益壮大，“现代货币理论”（modern monetary theory，MMT）甚嚣尘上的背景下，如何确保这些紧急政策工具不被滥用、及时退出，仍然面临较大的挑战。

表 7.1 和表 7.2 总结了上述货币财政政策的通胀效果。通胀取决于货币和财政政策的组合，二者如何协调、未来政策路径的预期，都会对通胀造成重要影响。单纯依靠货币宽松或财政宽松，并不一定会推动通胀上升。如果只是重复 2008 年危机后的货币主导的宏观政策组合，通胀很难摆脱低迷状态。打破这种状态，需要货币财政政策组合转向财政主导。适度转向财政主导有利于经济复苏和通胀回升。但是，过度的财政主导会加大通胀持续上升乃至失控的风险。

表 7.1 各种货币财政政策的通胀效果

货币政策	QE	Main St. QE（CCF，MSLP）	收益率曲线控制（YCC）	直升机撒钱（央行发起）	债务货币化（财政要求）
对通胀的影响	不及 2008 约等于 0	如果执行有力 微小的正面影响	方向不定 波动率上升	暂时性正面影响	永久性正面影响
对通胀格局的影响	否	否	有可能	暂时性：否 永久化：是	是

表 7.2 各种财政政策的通胀效果

财政政策	财政整顿	紧急非平衡预算	永久性扩大赤字
对通胀的影响	负面影响	暂时性正面影响	永久性正面影响
对通胀格局的影响	否	暂时性：否 永久化：是	是

本节分析了财政政策和货币政策的互动。为了同时实现多个宏观经济目标，需要多个政策工具。给定政策工具的个数，需要设计合适的政策组合，以更好地实现各项目标。这是一个最优化问题，主要的思路是发挥政策工具的比较优势，对不同的目标尤其是长短期目标进行合理的权衡，以及考虑政策工具之间相互联系的机制。财政政策和货币政策不是相互独立的，而是通过广义政府跨期预算约束联系在一起，因此两个政策最多只有一个是完全独立的，另一个则需要配合。财政和货币政策组合，需要实现的最重要的两个目标分别是通胀稳定和债务可持续。20 世纪 90 年代以来的分工是货币政策管理通胀，财政政策管理债务。这是一个自然的安排，但并非唯一可能的安排。

适度的财政货币协同宽松，有助于相互扩大政策空间。适度的货币宽松，可以通过低利率和前瞻指引等预期管理，降低无风险利率，还可以通过量化宽松降低市场预期驱动的债务危机风险，降低政府债的风险溢价，二者共同降低政府发债融资的成本，从而扩大财政政策空间。适度的财政宽松则有助于扩大货币政策空间。首先，财政扩大支出和转移支付，有助于提振总需求，推高中性利率和通胀；其次，财政可以承诺未来财政预算不平衡，通过预期渠道推高通胀，弱化零下限约束；最后，财政还可以为央行购买资产承担的久期和信用风险“兜底”，从而提高央行加码宽松的能力、意愿和可信性。

但是，协同宽松也不是无限的，政府仍然面临通胀和债务可持续性两个约束，需要谨慎地进行预期管理，避免通胀预期脱锚和债务失控。协同宽松到一定程度时，限制经济活动的主要约束将不再是总需求而是总供给，真实的资源约束（resource constraint）下，过度宽松无法使经济产出进一步扩张，只能推高通胀。如果通胀只是温和上行，相比 2008 年金融危机后的持续低迷不啻为一种改进。但是，如果通胀上行过快，带动通胀预期脱锚，通胀上行将自我强化并在螺旋上升中失控。为了避免通胀预期脱锚，央行还是必须承诺如果通胀快速上升将坚决收紧货币。为了避免触发债务可持续性担忧，财政部门需要妥善进行债务管理，减少不必要的债务发行。

7.3 双循环背景下的财政政策

党的十九届五中全会提出了“以国内大循环为主体，国内国际双循环相互促进”的新发展格局。“循环”并不是一个新的概念。早在 20 世纪 10 年代，熊彼特在《经济发展理论》中，就用很大的篇幅分析了在一定条件下经济的循环流转（circular flow），这一概念被后来的宏观经济学教科书所沿用，展示为产品、服务和资金在经济各部门间流动的“循环流向图”。可以把循环理解为现代经济学中的“动态均衡”。“循环”一方面要求产品能够卖掉，即有需求，另一方面要求需求能够得到满足，即有供给。供给等于需求就是“均衡”。当然，这种均衡是动态均衡。对开放经济来说，“双循环”包含国内外两方面。国内供给一部分被国内终端需求吸收，另一部分用于出口被外需吸收。国内需求一部分来自国内生产，也有一部分来自进口。经济能够“双循环”，就是要求供给能卖掉（内销或出口），需求能满足（国产或进口），可以用一个简单的等式来表示：

$$C + I + G + NX = F(A, K, L)$$

左边是需求，包括消费 C、投资 I、政府支出 G、净出口 NX。右边是供给，F 是生产函数，利用技术 A、资本 K 和劳动力 L 生产产品。实现“双循环”这一动态均衡时，需求等于供给，共同等于总产出 Y。需求的增长必须通过供给侧的技术进步、资本投资效率和劳动生产率提高等方式加以满足。反过来，供给能力的增加也必须通过需求侧消费、投资、政府支出或外需的扩大加以吸收。

“循环”是经济持续发展的必要条件。为了让经济总产出 Y 不断增长，有各种发展战略。政策制定者可以尝试先扩大需求，使其带动供给增加（需求创造供给）；可以尝试先扩大供给，使其带动需求增加（供给创造需求）；也可以尝试双管齐下，同时扩大需求和供给。但无论哪种发展战略，成功的一个必要条件是让经济能够循环起来，实现动态均衡。扩大需求后，供给必须要能跟上；扩大供给后，需求必须要能跟上。如果经济持续处于不均衡——循环不起来的状态，出现产品卖不掉（产能过剩）、需求不满足（短缺）的情况，经济增长就会停滞。对于一个开放型经济体而言，这种均衡本质上是来自国内外供给与需求的相互促进。

财政政策在调节经济的“双循环”中扮演重要角色。经济的需求侧不断受到各种冲击，使经济偏离供需平衡，妨碍“双循环”的实现。例如，居民消费需求可能因为信心的变化而不断波动，外需则会因外部经济变化而波动。当私人有效需求不足时，生产出来的产品面临无法全部卖出和循环受阻的挑战。由于短期内价格存在黏性无法及时向下调整，供给侧将被迫减产、裁员，导致经济下滑、失业率上升。私人有效需求不足时，财政扩大支出，可以缓解产品滞销的情况，促进经济循环，从而维持充分就业。反之，若私人需求过于强劲，超过了供给能力，出现供不应求的情况，会产生通胀压力。此时，可以通过减少财政支出，使总需求与供给匹配，缓解通胀压力。通过财政政策调节总需求，实现供需匹配，平抑经济波动，实际上就是传统凯恩斯主义宏观经济管理。

1929 年资本主义国家经济危机爆发，金融泡沫破灭使大批银行倒闭，信贷供给极度收缩导致实体总需求严重萎缩，经济陷入债务通缩螺旋。罗斯福改变自由放任传统，推出一系列公共支出计划。通过扩大政府支出，罗斯福成功提振了总需求，使经济在持续四年的“大萧条”后终于复苏。

2008 年至今，财政政策面对全球经济复苏乏力、国内人口和资本在地区和行业间错配问题加剧的双重考验，政府支出效率和逆周期调节功能均明显下降。财政政策在“双循环”新发展战略下有所作为，需要针对堵点进行改革，首先，财政不能再是稳增长或地方官员晋升的工具。对欠发达省份来说，需要降低对投资拉动经济的依赖，更多依靠改革和创新，发挥在生态、农业、环境等方面的比较优势，实现改革和创新驱动的经济双循环和可持续发展。政府投资需要优化结构，降低对道路交通等基础设施的依赖，更加注重城市内部的基础设施和教育、医疗等公共服务相关的基础设施。对人口流入的发达省份来说，应当通过进一步放宽户籍限制和加大基本公共服务投资，实现人口在全国范围内更自由地流动，以促进经济双循环，缩小区域差距，真正实现区域平衡。

另外，对于地方财政扩张干预金融资源配置的问题，从根本上说，需要考虑改革政府间财政关系，缓和地方政府事权与财力的不匹配问题，才能实质性缓解地方财政缺口和寻求从金融系统获取预算外资金的冲动。从官员“晋升锦标赛”的角度说，还需要考虑合理设计官员激励，在“晋升锦标赛”提供经济发展动力和增强政府干预市场倾向之间取得一定的平衡。从制度建设的角度说，需要严格执行《中华人民共和国预算法》，强化地方政府预算管理，严格限制预算外财政。只有在以上几个方面改革财政制度，才能减少财政与金融“连裆裤”，干预金融资源配置的情况，才能促进资本市场发展，支持创新驱动实体经济“双循环”。

附　　录

附录一

表 1　　理论文献中的政府支出乘数

文献	数据	方法	结果
国家层面政府支出乘数			
Cogan et al.（2010）	美国季度数据	基于 Smets - Wouters DSGE 模型的估计	政府支出乘数在 0.6 ~ 0.7
Coenen et al.（2012）	美国、欧洲季度数据	利用 IMF、美联储、欧洲央行等 7 个机构使用的大型 DSGE 模型	政府支出乘数在 0.7 ~ 1
Zubairy（2014）		中等规模的 DSGE 模型，效用函数具有深度习惯（deep habit）偏好	赤字融资的政府支出乘数在 0.7 ~ 1.05
Leeper，Traum and Walker（2017）	美国年度数据	具有多种财政和货币形式组合的 DSGE 模型	积极货币政策立场下政府支出乘数在 0.7 ~ 1.36
Leeper et al.（2017）	美国季度数据	估计包含了不同货币政策和财政政策规则组合的 DSGE 模型	政府支出乘数在货币政策执行泰勒规则时为 0.7 ~ 1.36，在被动的货币政策和积极的财政政策组合下，估值为 1.5 ~ 1.9，在积极的货币政策和被动的财政政策组合下，估值为 0.1 ~ 0.4
Sims - Wolff（2018）	美国季度数据	估计中型 DSGE 模型，考虑到政府消费和投资，同时允许多种政府支出的融资方式存在	实证发现政府支出和私人消费有互补性，政府支出乘数为 1.07

续表

文献	数据	方法	结果
		地方层面政府支出乘数	
Hagedorn et al.（2019）	参数校准	具有不完全市场的异质个体新凯恩斯模型。由于财政变量是名义量，模型中价格水平全局确定的，与货币政策立场无关	在名义利率固定时，以借债方式融资支持的政府支出乘数为1.34，平衡预算乘数为0.61；如果货币政策服从泰勒规则，借债方式融资支持的政府支出乘数降为0.66，平衡预算乘数降为0.54
Auclert et al.（2018）	参数校准	异质个体新凯恩斯模型，其中存在流动性不同的异质资产（HA－illiq）。文章强调只有异质个体和异质资产同时存在时，模型才能产生与实际相符的跨期边际消费倾向（iMPC）。模型考虑稳态附近的动态反映	以借债方式融资支持的政府支出乘数在1.4～1.6取决于计算乘数考虑的时间，平衡预算的政府支出乘数小于1

表2　实证文献中的政府支出乘数

文献	数据	方法	结果
		国家层面政府支出乘数	
Blanchard－Perotti（2002）	美国季度数据	用SVAR基于递推方法识别财政支出冲击	Ramey（2019）用BP识别方法得到1947q1～2015q4政府支出乘数为0.6～0.7
Mountford－Uhlig（2009）	美国季度数据	用SVAR基于符号识别方法识别财政支出冲击	带来财政赤字的财政支出增加的乘数为0.65
Hall（2010）；Barro－Redlick（2011）	美国年度数据	用美国军费支出识别财政支出冲击，基于一般的回归模型估计	估计得到政府支出乘数为0.6～0.7

续表

文献	数据	方法	结果
Iltzetzki et al.（2013）	1960～2007 年的 44 个高收入国家	用 BP 识别方法，对每个国家估计 SVAR 得到政府支出乘数	估计得到这些国家的政府支出乘数在 0.3～0.7
Corsetti et al.（2012）	17 个 OECD 国家，从 1975 年到 2008 年的年度数据	通过估计财政政策规则等式，来识别外生的财政支出政策冲击	估计得到样本国家的政府支出乘数均值为 0.7
Auerbach－Gorodnichenko（2012）	美国季度数据，1947q1～2008q4	估计机制转换（regime-switching）SVAR 模型，用 BP 的递推识别方式对政府支出乘数进行识别，同时控制预期渠道的影响	估计得到的政府支出乘数，在经济繁荣的时候，估值在 0～0.5，在经济萧条的时候，估值在 1～1.5
Ramey－Zubairy（2018）	美国季度数据	用美国军费支出识别财政支出冲击，基于局部投影法估计	1947q1～2015q4 政府支出乘数为 0.5～0.7
Bernardini－Peersman（2019）	美国季度数据 1928q1～2013q4	分别用 Ramey（2011）基于叙述方法构造的军事支出，和基于时变系数 VAR 模型估计用 BP 递推识别方法对财政支出冲击进行识别，用 local projection 方法估计政府支出乘数	估计得到政府支出乘数在私人债务水平高的时候，估值因政府支出乘数计算时间跨度不同，估值在 1～3，在私人债水平低的时候，估值为 0.7 左右
地方层面政府支出乘数（ARRA 文献）			
Chodorow－Reich et al.（2012）	美国州级数据	用危机前各州的公费医疗补助支出作为 ARRA 各州财政收到财政援助的工具变量	如果某一州相对于全国平均水平接收财政援助款增加 10 万美金，该州相对于全国平均水平增加 3.8 个就业，置信区间为 1.2～6.4

续表

文献	数据	方法	结果
Wilson（2012）	美国州级数据	用危机前各州的公费医疗补助支出、高速公路法定建设支出和学龄人口作为 ARRA 各州财政收到财政援助的工具变量	如果某一州相对于全国平均水平接收财政援助款增加 10 万美金，该州相对于全国平均水平增加 1.75 个就业，置信区间为 0.58～2.9
Conley and Dupor（2013）	美国州级数据	用 ARRA 高速路建设责任支出和州政府税收周期项作为 ARRA 支出与州政府税收变化差值的工具变量	如果某一州相对于全国平均水平接收财政援助款增加 10 万美金，该州相对于全国平均水平增加 0.76 个就业，置信区间为 0.1～1.64
地方层面政府支出乘数（非 ARRA 文献）			
Nakamura and Steinsson（2014）	美国 1996～2006 年季度数据	利用美国军事支出在不同州分配的差异与各州经济状况无关的识别假设，利用工具变量法估计地方政府支出乘数	地方政府支出的 GDP 乘数为 1.85［0.9，2.8］，地方政府支出乘数具有逆周期性
Brückner and Tuladhar（2014）	日本县级政府支出	利用系统广义矩估计，控制之后的产出和县级固定效应	地方政府投资乘数为 0.93［0.63，1.23］，地方政府支出乘数为 0.78［0.45，1.11］
Acconcia，Corsetti and Simonelli（2014）	意大利省级数据	利用意大利政府清洗黑手党对地方政府的渗透导致的省级政府支出下降来测度外生政府支出变化	政府支出变化发生当期乘数为 1.55，累积乘数为 1.95

附录二 时变系数的随机波动率模型

第 5 章估计的包含时变系数和随机波动率的 TVP－VAR 模型简约形式如下

$$x_t = \alpha_t + \beta_{1,t} x_{t-1} + \beta_{2,t} x_{t-2} + \mu_t \quad (1)$$

与 RS－VAR 模型类似，其中 x_t 是一个包含政府支出 G_t，和实际 GDP Y_t，M2 和居民消费、投资（固定资本形成总额）、政府投资、私人投资、基础设施建设固定资产投资或贸易余额这六个变量之一 X_t，$x_t = [G_t, Y_t, M_t, X_t]^T$。$\alpha_t$，$\beta_{1,t}$，$\beta_{2,t}$是我们需要估计的时变系数，可以用来描述经济体的结构改变。μ_t 是异方差残差项，服从均值为零协方差为 Ω_t 的正态分布。时变的协方差矩阵 Ω_t 可以分解为

$$\Omega_t = A_t^{-1} \Sigma_t \Sigma_t (A_t^{-1})'$$

其中相关系数矩阵 A_t 和波动性矩阵 Σ_t 的具体形式为

$$A_t = \begin{bmatrix} 1 & 0 & 0 & 0 \\ \alpha_{YG,t} & 1 & 0 & 0 \\ \alpha_{MG,t} & \alpha_{MY,t} & 1 & 0 \\ \alpha_{XG,t} & \alpha_{XG,t} & \alpha_{XG,t} & 1 \end{bmatrix} \quad \Sigma_t = \begin{bmatrix} \sigma_{G,t} & 0 & 0 & 0 \\ 0 & \sigma_{Y,t} & 0 & 0 \\ 0 & 0 & \sigma_{M,t} & 0 \\ 0 & 0 & 0 & \sigma_{X,t} \end{bmatrix}$$

为了方便模型的估计，我们可以将截距项和自回归系数收集到向量 B_t 中

$$B_t = vec\left(\begin{bmatrix} \alpha'_t \\ \beta'_{1t} \\ \beta'_{2t} \end{bmatrix}\right)$$

可以将模型重新写为

$$x_t = Z_t B_t + A_t^{-1} \Sigma_t \varepsilon_t$$

其中 $Z_t = I(4) \otimes [1, G_{t-1}, Y_{t-1}, M_{t-1}, X_{t-1}, G_{t-2}, Y_{t-2}, M_{t-2}, X_{t-2}]$，残差项为相互独立的随机向量，服从均值为零，协方差为三维的单位矩阵。

将相关系数矩阵 A_t 和波动性矩阵 Σ_t 中非 0 非 1 元素分别收集到向量 α_t和向量 σ_t 中

$$\alpha_t = (\alpha_{YG,t}, \alpha_{MG,t}, \alpha_{MY,t}, \alpha_{XG,t}, \alpha_{XG,t}, \alpha_{XG,t})$$

$$\sigma_t = (\sigma_{G,t}, \sigma_{Y,t}, \sigma_{M,t}, \sigma_{X,t})$$

模型中的时变参数服从以下随机过程

$$B_t = B_{t-1} + \nu_t \qquad \nu_t \sim N(0,\ Q)$$

$$\alpha_t = \alpha_{t-1} + \zeta_t \qquad \zeta_t \sim N(0,\ S)$$

$$\log(\sigma_t) = \log(\sigma_{t-1}) + \eta_t \qquad \eta_t \sim N(0,\ W)$$

我们用马尔科夫链蒙特卡洛方法（MCMC）对以上模型中的时变系数 B_t，α_t，σ_t 和超参数 Q，S，W 进行估计。

附录三 符号识别与递归识别结果对比

这节比较采用布兰查德和佩罗蒂（Blanchard and Perotti，2002）提出的递归识别方法和芒特福德和乌利格（Mountford and Uhlig，2009）提出的符号识别方法估计政府支出乘数得到结果的差异。出于采用符号识别方法的需要，我们基于以下 VAR 模型识别政府支出冲击：

$$Y_t = C_p + \sum_{l=1}^{L} B_l Y_{t-l} + U_t$$

其中内生变量向量 Y_t 是 6×1 向量包括政府支出、政府税收收入、GDP、固定资产投资、CPI 物价指数和上海银行间同业拆放利率在内的向量 $Y_t = [G_t, T_t, X_t, FAI_t, P_t, R_t]'$。残差项量 U_t 服从多元正太分布 $U_t \sim N(0, \Omega)$ 基于赤池信息量准则（AIC），滞后变量阶数设定为 2，$L=2$。本节采用詹诺内、伦萨和普里米切里（Giannone，Lenza and Primiceri，2015）提出的 MCMC 方法来估计 VAR 模型。假设系数矩阵 $B = vec(\{C_P, B_l\})$ 和协方差系数矩阵 Ω 分别服从正太分布和逆威沙特分布。

$$\Omega \sim \mathrm{IW}(\psi I_n;\ n+2)$$

$$B \mid \Omega \sim N(b(\gamma),\ \Omega \otimes \Sigma(\gamma))$$

其中 6×1 向量 ψ 和 3×1 向量 γ 是超参数。系数连同超参数采用层次模型的估计思路一起进行估计，让数据决定前验分布紧的程度。

布兰查德和佩罗蒂（Blanchard and Perotti，2002）的基本假设是，政府支出在一个季度内不会对其余内生变量（中国的税收、产出、固定资产投资、价格和利率）产生反应，而政府支出冲击在发生的当期会直接影响这些变量。正如布兰查德和佩罗蒂（2002）所认为的，这种最小延迟假设反映了美国财政当局可能无法在短期内根据宏观经济状况的变化调整支出，这也适合中国的制度背景。然而，布兰查德和佩罗蒂（2002）的方法无法区分预期到和未预期到的政府支出的变化，而在现实中，大部分政府支出的变化是预期到的。因此，识别出来的政府支出冲击很可能存在误差。

因此，本节还尝试利用芒特福德和乌利格（Mountford and Uhlig，2009）提出的符号识别方法对脉冲响应函数进行符号限制来识别政府支出冲击。这种方法同时识别四个结构性冲击，即商业周期冲击、货币政策冲击、政府支出冲击和政府收入冲击。识别商业周期和货币政策冲击的目的是为了清除其他周期性冲击中的两个基本财政政策冲击。更具体地说，正的商业周期冲击可以看作是导致经济繁荣的供给和需求冲击的组合，因此它同时提高了产出和政府收入。正如芒特福德和乌利格（Mountford and Uhlig，2009）所强调的那样，这是识别财政政策冲击的一个关键假设，因为它明确假设产出和政府收入的同时上升一定是由于正的商业周期冲击推动产出上升从而带来政府税收收入上升，而不是相反。货币政策冲击采用乌利格（Uhlig，2005）的假设：扩张性货币政策会降低短期利率，提高物价水平，对产出的影响保持模糊。表3中总结了对内生变量脉冲反应函数施加的符号约束。此约束条件适用于第一年内相关变量的脉冲反应。

表3　　符号约束

脉冲反应	结构冲击			
	经济周期冲击	货币政策冲击	政府支出冲击	政府税收收入冲击
政府支出	NA	NA	+	NA
政府税收收入	+	NA	NA	+
产出	+	NA	NA	NA
固定资产投资	+	NA	NA	NA
CPI 物价指数	NA	–	NA	NA
利率	NA	+	NA	NA

我们只需对两个财政变量施加约束条件，就可以区分预期到和未预期到的财政政策冲击。对于未预期到的政府支出冲击，假设其可以提高一年内的政府支出。值得注意的是，这些严格的限制条件排除了对财政变量有短暂影响的冲击，比如在冲击发生当期提高了政府支出，而在两三个季度内对其有负面影响的情况。在识别预期到的政府支出冲击时，对第一年政府支出的脉冲反应施加约束限制其值为零，对第二年的冲动脉冲施加正的符号限制。我们采用阿里亚斯、鲁比奥·拉姆雷斯和瓦格纳（Arias，Rubio－Ramrez and Waggoner，2014）提出的算法来对政府支出冲击进行符号识别。

图1绘制了使用布兰查德和佩罗蒂（Blanchard and Perotti，2002）与芒特福德和乌利格（2009）方法识别的所有内生变量对未预期到的政府

支出冲击上升一个单位的脉冲响应。这两种识别策略得到的结果非常类似。政府支出的扩张通过促进固定资产投资提高了中国的产出，经济状况的改善带来了政府收入的增加。同时，总需求的增加推高了价格水平。由于财政扩张往往是在经济面临困难时进行的，货币当局的反应是通过提供宽松的货币环境来适应。两种识别策略的主要差异在于采用递归方法识别出来的政府支出冲击得到的脉冲反应的精度高于符号识别方法得到的结果。

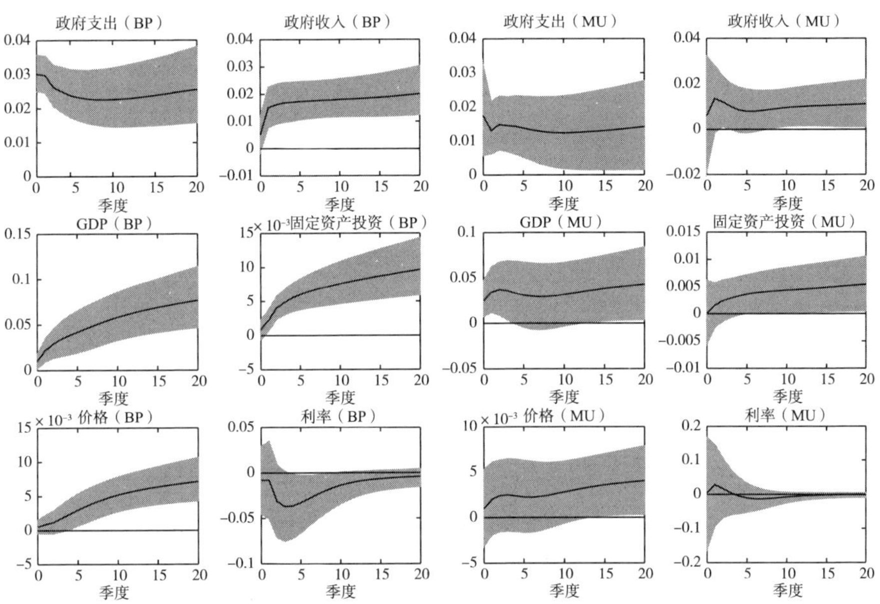

图 1 未预期到的政府支出冲击下内生变量的脉冲反应

注：黑色实线为中位数，灰色区域为 68% 置信区间。"BP"代表递归方法得到的结果，"MU"代表用符号识别方法得到的结果。

图 2 说明了预期的（延迟一年）政府支出冲击对中国经济的影响（左两列），并与未预期到的政府支出冲击的影响进行了比较（右两列）。内生变量对预期的政府支出增加的脉冲反应与未预期到的政府支出增加的脉冲反应的方向是相同的。自宣布扩大政府支出以来，产出、投资和价格开始上升。由于私人部门有时间对财政政策变化的实际实现做出反应，因此在政策实施后的前三年，政府支出预期冲击的财政乘数高于意外冲击。与未预期到的政府支出冲击的脉冲反应相比，预期到的政府支出冲击的脉

冲反应的误差带更宽，说明预期到的政府支出冲击对实体经济的影响存在较大的不确定性。

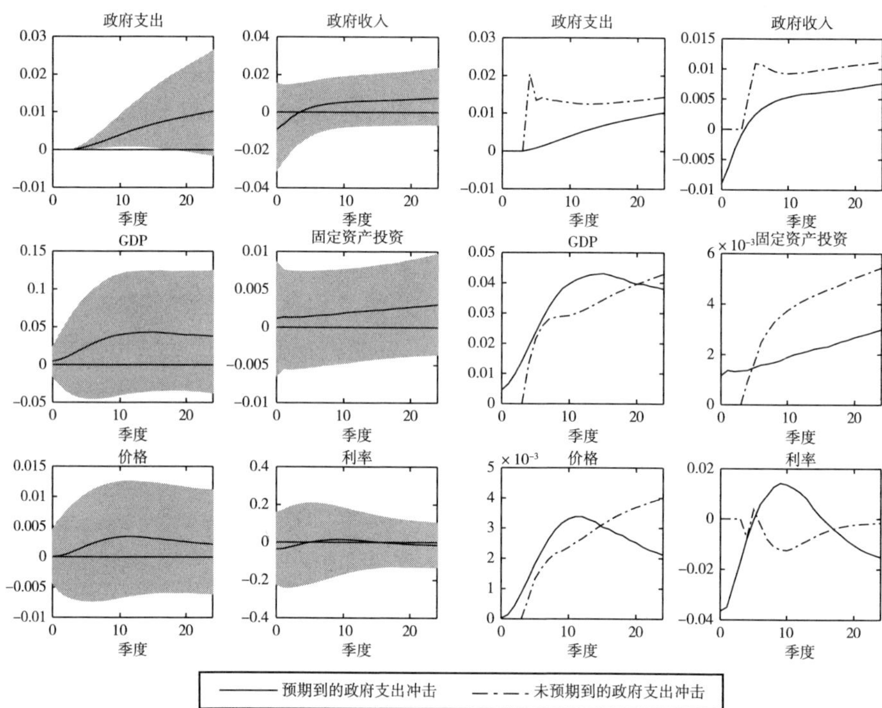

图 2　预期到的政府支出冲击下内生变量的脉冲反应及其与未预期到的政府支出冲击影响的对比

注：左侧两列展示预期到的政府支出冲击下内生变量脉冲反应，右侧两列展示预期到和未预期到的政府支出冲击下的脉冲反应。左侧两列中黑色实线为中位数，灰色区域为 68% 置信区间。右侧两列实线和虚线分别为预期到和未预期到的政府支出冲击下脉冲反应的中位数。

参 考 文 献

［1］陈诗一、陈登科：《中国政府支出乘数研究——基于金融摩擦与“超低利率”的视角》，载于《金融研究》2017 年第 12 期，第 17 ~ 32 页。

［2］陈诗一、陈登科：《经济周期视角下的中国政府支出乘数研究》，载于《中国社会科学》2019 年第 8 期，第 111 ~ 129 页。

［3］陈创练、郑挺国、姚树洁：《时变乘数效应与改革开放以来中国财政政策效果测定》，载于《经济研究》2019 年第 12 期，第 38 ~ 53 页。

［4］傅勇、张晏：《中国式分权与财政支出结构偏向：为增长而竞争的代价》，载于《管理世界》2007 年第 3 期。

［5］干春晖、邹俊、王健：《地方官员任期、企业资源获取与产能过剩》，载于《中国工业经济》2015 年第 3 期。

［6］郭庆旺、贾俊雪：《政府公共资本投资的长期经济增长效应》，载于《经济研究》2006 年第 7 期，第 29 ~ 40 页。

［7］郭新强、胡永刚：《中国财政支出与财政支出结构偏向的就业效应》，载于《经济研究》2012 年第 2 期，第 5 ~ 17 页。

［8］洪正、胡勇峰：《中国式金融分权》，载于《经济学（季刊）》2017 年第 2 期。

［9］洪正、张硕楠、张琳：《经济结构、财政禀赋与地方政府控股城商行模式选择》，载于《金融研究》2017 年第 10 期。

［10］纪志宏、周黎安、王鹏、赵鹰妍：《地方官员晋升激励与银行信贷——来自中国城市商业银行的经验证据》，载于《金融研究》2014 年第 1 期。

［11］李明、李德刚：《中国地方政府支出乘数再评估》，载于《管理世界》2018 年第 2 期。

［12］李扬、张晓晶：《“新常态”：经济发展的逻辑与前景》，载于《经济研究》2015 年第 5 期。

[13] 李萍：《财政体制简明图解》，中国财政经济出版社2010年版。

[14] 刘冲、郭峰、傅家范、周强龙：《政治激励、资本监管与地方银行信贷投放》，载于《管理世界》2017年第10期。

[15] 刘尚希：《积极财政政策的变迁》，载于《新金融评论》2018年第6期，第1~12页。

[16] 刘尚希：《实现双循环关键在于提高投资有效性》，载于《社会科学报》2020年10月15日第1版。

[17] 毛捷、刘潘、吕冰洋：《地方公共债务增长的制度基础：兼顾财政和金融的视角》，载于《中国社会科学》2019年第6期。

[18] 毛锐、刘楠楠、刘蓉：《地方债务融资对政府投资有效性的影响研究》，载于《世界经济》2018年第10期，第52~74页。

[19] 苗文龙：《金融分权、股权结构与银行贷款风险》，载于《金融监管研究》2018年第8期。

[20] 蒲丹琳、王善平：《官员晋升激励、经济责任审计与地方政府投融资平台债务》，载于《会计研究》2014年第5期。

[21] 钱先航、曹廷求、李维安：《晋升压力、官员任期与城市商业银行的贷款行为》，载于《经济研究》2011年第12期。

[22] 谭之博、周黎安：《官员任期与信贷和投资周期》，载于《金融研究》2015年第6期。

[23] 王国静、田国强：《政府支出乘数》，载于《经济研究》2014年第9期，第4~19页。

[24] 王珏、骆力前、郭琦：《地方政府干预是否损害信贷配置效率?》，载于《金融研究》2015年第4期。

[25] 王立勇、徐晓莉：《纳入企业异质性与金融摩擦特征的政府支出乘数研究》，载于《经济研究》2018年第8期，第100~114页。

[26] 王贤彬、徐现祥：《转型期的政治激励、财政分权与地方官员经济行为》，载于《南开经济研究》2009年第2期。

[27] 王贤彬、徐现祥、周靖祥：《晋升激励与投资周期——来自中国省级官员的证据》，载于《中国工业经济》2010年第12期。

[28] 王媛：《官员任期、标尺竞争与公共品投资》，载于《财贸经济》2016年第10期。

[29] 谢旭人：《中国财政改革三十年》，中国财政经济出版社2008

年版。

[30] 徐军伟、毛捷、管星华：《地方政府隐性债务再认识——基于融资平台公司的精准界定和金融势能的视角》，载于《管理世界》2020年第9期，第37～59页。

[31] 闫先东、朱迪星：《基础设施投资的经济效率：一个文献综述》，载于《金融评论》2017年第6期，第109～126页。

[32] 闫先东、朱迪星：《地方政府投资偏好、信贷配置结构与货币政策传导效率》，载于《金融监管研究》2018年第5期，第14～31页。

[33] 杨继东、杨其静：《保增长压力、刺激计划与工业用地出让》，载于《经济研究》2016年第1期，第99～113页。

[34] 饶晓辉、刘方：《政府生产性支出和中国的实际经济波动》，载于《经济研究》2014年第11期，第17～30页。

[35] 姚洋、张牧扬：《官员绩效与晋升锦标赛——来自城市数据的证据》，载于《经济研究》2013年第1期。

[36] 姚耀军、彭璐：《地方政府干预银行业：内在逻辑与经验证据》，载于《金融评论》2013年第4期。

[37] 余泳泽、刘大勇、龚宇：《过犹不及事缓则圆：地方经济增长目标约束与全要素生产率》，载于《管理世界》2019年第7期，第26～42、202页。

[38] 余泳泽、潘妍：《中国经济高速增长与服务业结构升级滞后并存之谜——基于地方经济增长目标约束视角的解释》，载于《经济研究》2019年第3期，第150～165页。

[39] 张军、金煜：《中国的金融深化和生产率关系的再检测：1987－2001》，载于《经济研究》2005年第11期。

[40] 张军、高远、傅勇、张弘：《中国为什么拥有了良好的基础设施?》，载于《经济研究》2007年第3期。

[41] 赵尚梅、杜华东、车亚斌：《城市商业银行股权结构与绩效关系及作用机制研究》，载于《财贸经济》2012年第7期。

[42] 赵尚梅、史宏梅、杜华东：《地方政府在城市商业银行的大股东掏空行为——从地方政府融资平台贷款视角的研究》，载于《管理评论》2013年第12期。

[43] 周黎安：《转型中的地方政府：官员激励与治理》，格致出版

社、上海三联书店、上海人民出版社2017年版。

[44] 周黎安：《晋升博弈中政府官员的激励与合作——兼论我国地方保护主义和重复建设长期存在的原因》，载于《经济研究》2004年第6期，第33~40页

[45] 周黎安：《中国地方官员的晋升锦标赛模式研究》，载于《经济研究》2007年第7期，第36~50页。

[46] 周黎安、刘冲、厉行、翁翕：《“层层加码”与官员激励》，载于《世界经济文汇》2015年第1期，第1~15页。

[47] 周亚虹、宗庆庆、陈曦明：《财政分权体制下地市级政府教育支出的标尺竞争》，载于《经济研究》2013年第11期。

[48] 朱平芳、张征宇、姜国麟：《FDI与环境规制：基于地方分权视角的实证研究》，载于《经济研究》2011年第6期。

[49] Acconcia, Antonio, Giancarlo Corsetti and Saverio Simonelli, 2014. "Mafia and public spending: Evidence on the fiscal multiplier from a quasi-experiment." American Economic Review, 104 (7): 2185 -2209.

[50] Akcigit, U. and S. Stantcheva, 2020. "Taxation and innovation: what do we know?" NBER Working Paper, No. 27109.

[51] Arias, J. E., Rubio - Ramírez, J. F. and Waggoner, D. F., 2018. Inference Based on Structural Vector Autoregressions Identified With Sign and Zero Restrictions: Theory and Applications. Econometrica, 86: 685 -720.

[52] Alan Aschauer, David, 1989. "Is public expenditure productive?", Journal of Monetary Economics, 23 (2), 177 -200.

[53] Auclert, Adrien, 2019. "Monetary Policy and the Redistribution Channel." American Economic Review, 109 (6): 2333 -2367.

[54] Adrien Auclert, Matthew Rognlie and Ludwig Straub, 2018. "The Intertemporal Keynesian Cross", NBER Working Papers 25020, National Bureau of Economic Research, Inc.

[55] Auerbach, A. J. and Y. Gorodnichenko, 2012. "Measuring the output responses to fiscal policy", American Economic Journal: Economic Policy, 4, pp. 1 -27.

[56] Auerbach, Alan J., Yuriy Gorodnichenko, and Daniel Murphy, 2020. "Effects of Fiscal Policy on Credit Markets." AEA Papers and Proceed-

ings 110: 119 -24.

[57] Bachmann, Rüdiger and Eric R. Sims, 2012. "Confidence and the transmission of government spending shocks", Journal of Monetary Economics, Volume 59, Issue 3, pp 235 -249.

[58] Bai, C. E. , C. T. Hsieh and Z. Song, 2016. "The Long Shadow of China's Fiscal Expansion", Brookings Papers on Economic Activity, 47 (2), pp. 129 -181.

[59] Bai, C. E. , C. T. Hsieh and Z. Song, 2020. "Special deals with Chinese characteristics", NBER Macroeconomics Annual, 2019, pp. 341 -379.

[60] Bartik, Timothy, 1991. Who Benefits from State and Local Economic Development Policies? W. E. Upjohn Institute.

[61] Barro, Robert J. and Charles J. Redlick, 2011. "Macroeconomic Effects from Government Purchases and Taxes." Quarterly Journal of Economics, 126 (1): 51 -102.

[62] Baum -Snow, Nathaniel, 2007. "Did Highways Cause Suburbanization?" The Quarterly Journal of Economics, 122 (2): 775 -805.

[63] Baxter, Marianne and Robert G. King, 1993. "Fiscal Policy in General Equilibrium." American Economic Review, 83 (3): 315 -34.

[64] Baum - Snow, N. , L. Brandt, M. Turner and Q. Zhang, 2017. "Roads, railroads and decentralization of Chinese cities", Review of Economics and Statistics, 99 (3), pp. 435 -448.

[65] Beraja, M. , Hurst, E. and Ospina, J. , 2019. The Aggregate Implications of Regional Business Cycles. Econometrica, 87: 1789 -1833.

[66] Bernardini, M. and G. Peersman, 2018. "Private debt overhang and the government spending multiplier: Evidence for the United States", Journal of Applied Econometrics, 33 (4), pp. 485 -508.

[67] Bernardini, M. Selien De Schryder and G. Peersman, 2019. "Heterogeneous Government Spending Multipliers in The Era Surrounding The Great Recession", The Review of Economics and Statistics, 102 (2): 304 -322.

[68] Bianchi, F. , R. Faccini and L. Melosi, 2020. Monetary and fiscal policies in times of large debt: unity is strength. NBER WP 27112.

[69] Bilbiie, Florin O. , 2020. "The New Keynesian cross", Journal of Monetary Economics, Volume 114, pp. 90 – 108.

[70] Blanchard, O. and P. Roberto, 2002. "An empirical characterization of the dynamic effects of changes in government spending and taxes on output", Quarterly Journal of Economics, 117, pp. 1329 – 1368.

[71] Boehm, C. , 2020. "Government consumption and investment: Does the composition of purchases affect the multiplier?" Journal of Monetary Economics, forthcoming.

[72] Bocola, L. , 2016. "The pass-through of sovereign risks", Journal of Poltical Economy, 124 (4), pp. 879 – 926.

[73] Bom, P. R. and Ligthart, J. E. , 2014. What Have We Learned from Three Decades of Research on the Productivity of Public Capital? Journal of Economic Surveys, 28, 889 – 916.

[74] Bouakez, Hafedh, Michel Guillard and Jordan Roulleau – Pasdeloup, 2017. "Public investment, time to build and the zero lower bound." Review of Economic Dynamics, 23: 60 – 79.

[75] Brinca, P. , M. Faria-e-Castro, M. Ferreira and H. Holter, 2019. "The nonlinear effects of fiscal policy", Federal Reserve Bank of St. Louis Working Paper, No. 2019 – 015B.

[76] Brooks, Leah and Liscow, Zach, 2019. "Infrastructure Costs." Working Paper.

[77] Brunnermeier, M. , S. Merkel, J. Payne and Y. Sannikov, 2020. Inflation and deflation pressures after the COVID shock. Mimeo.

[78] Bullard, J. , 2018. Allan Meltzer and the search for a nominal anchor. Federal Reserve Bank of St. Louis Review, 2018Q2, 117 – 126.

[79] Brückner, Markus and Anita Tuladhar, 2014. "Local Government Spending Multipliers and Financial Distress: Evidence from Japanese Prefectures". The Economic Journal, 124 (581): 1279 – 1316.

[80] Burnside, Craig, Martin Eichenbaum and Jonas D. M. Fisher, 2004. "Fiscal Shocks and Their Con-sequences". Journal of Economic Theory, 115 (1): 89 – 117.

[81] Canzoneri, Matthew, Fabrice Collard, Harris Dellas and Behzad

Diba, 2016. "Fiscal multipliers in recessions." Economic Journal, 126 (590): 75 – 108.

[82] Caggiano, G., E. Castelnuovo, V. Colombo and G. Nodari, 2015. "Estimating fiscal multipliers: News from a non-linear world." The Economic Journal, 125, pp. 746 – 776.

[83] Carvalho C., S. Eusepi, E. Moench and B. Preston, 2019. Anchored inflation expectations. CEPR DP13900.

[84] Castillo – Martinez, L. and R. Reis, 2019. How do central banks control inflation? A guide for the perplexed. Mimeo.

[85] Cavallo, A., G. Gopinath, B. Neiman and J. Tang, 2020. Tariff passthrough at the border and at the store: evidence from US trade policy. American Economic Review: Insights, forthcoming.

[86] Chetty, R., J. Friedman, N. Hendren, M. Stepner and Opportunity Insights Team, 2020. How did COVID – 19 and stabilization policies affect spending and employment? A new real-time economic tracker based on private sector data. Mimeo.

[87] Chang, C., K. Chen, D. F. Waggoner and T. Zha, 2016. "Trends and Cycles in China's Macroeconomy", NBER Macroeconomics Annual, 2015, 30.

[88] Christiano, Lawrence J., Martin Eichenbaum and Sergio Rebelo, 2011. "When Is the Government Spending Multiplier Large?" Journal of Political Economy, 119 (1): 78 – 121.

[89] Coenen, Gunter, Christopher J. Erceg, Charles Freedman, Davide Furceri, Michael Kumhof, René Lalonde, Douglas Laxton et al., 2012. "Effects of Fiscal Stimulus in Structural Models." American Economic Journal: Macroeconomics 4 (1): 22 – 68.

[90] Conley, Timothy G. and Bill Dupor, 2013. "The American Recovery and Reinvestment Act: Solely a government jobs program?" Journal of Monetary Economics, 60 (5): 535 – 549.

[91] Chandra, Amitabh, Eric Thompson, 2000. "Does public infrastructure affect economic activity?: Evidence from the rural interstate highway system", Regional Science and Urban Economics, 30 (4), 457 – 490.

[92] Kaiji Chen & Tao Zha, 2018. "Macroeconomic Effects of China's Financial Policies", NBER Working Papers 25222, National Bureau of Economic Research, Inc.

[93] Chen, Sophia, Lev Ratnovski and Pi – Han Tsai, 2017. "Credit and fiscal multipliers in China." Working Paper, International Monetary Fund.

[94] Chodorow – Reich, Gabriel, 2019. "Geographic Cross – Sectional Fiscal Spending Multipliers: What Have We Learned?" American Economic Journal: Economic Policy, 11 (2): 1 – 34.

[95] Chodorow – Reich, Gabriel, Laura Feiveson, Zachary Liscow and William Gui Woolston, 2012. "Does State Fiscal Relief during Recessions Increase Employment? Evidence from the American Recovery and Reinvest-ment Act." American Economic Journal: Economic Policy, 4 (3): 118 – 145.

[96] Cogan, John F., Tobias Cwik, John B. Taylor and Volker Wieland, 2010. "New Keynesian versus Old Keynesian Government Spending Multipliers." Journal of Economic Dynamics and Control, 34 (3): 281 – 295.

[97] Cong, Lin, Haoyu Gao, J. Ponticelli and X. Yang, "Credit Allocation Under Economic Stimulus: Evidence from China", The Review of Financial Studies, 32 (9), pp. 3412 – 3460.

[98] Correia, Isabel, Emmanuel Farhi, Juan Pablo Nicolini and Pedro Teles, 2013. "Unconventional Fiscal Policy at the Zero Bound." American Economic Review, 103 (4): 1172 – 1211.

[99] Corsetti, G., K. Kuester, A. Meier and G. J. Müller, 2013. "Sovereign risk, fiscal policy and macroeconomic stability", The Economic Journal, 123 (566), pp. 99 – 132.

[100] Cúrdia, Vasco, Michael Woodford, 2016. "Credit Frictions and Optimal Monetary Policy", Journal of Monetary Economics, Volume 84, pp. 30 – 65.

[101] Drazen, Allan, 2000. "The political business cycle after 25 years.", NBER Macroeconomic. Annual. 15, 75 – 117.

[102] Drazen, Allan, Eslava, Marcela, 2010. "Electoral manipulation via voter-friendly spending: theory and evidence", Journal of Development Economics. 92, 39 – 52.

[103] Dupor, Bill and Rodrigo Guerrero, 2017. "Local and aggregate fiscal policy multipliers." Journal of Monetary Economics, 92, 16 –30.

[104] Dupor, Bill & Marios Karabarbounis & Marianna Kudlyak & M. Saif Mehkari, 2018. "Regional Consumption Responses and the Aggregate Fiscal Multiplier", Working Paper Series 2018 –4.

[105] Duranton, Gilles & Geetika Nagpal & Matthew A. Turner, 2020. "Transportation Infrastructure in the US", NBER Chapters, in: Economic Analysis and Infrastructure Investment, National Bureau of Economic Research, Inc.

[106] Duranton G., Turner M. A., 2018. "Urban form and driving: Evidence from US cities", Journal of Urban Economics, 108, pp 170 –191.

[107] Eggertsson, Gauti B., 2010. "What Fiscal Policy Is Effective at Zero Interest Rates?" In NBER Macroeconomic Annual 2010, Volume 25, ed. Daron Acemoglu and Michael Woodford. Chicago and London: University of Chicago Press.

[108] Ellahie, Atif, Giovanni Ricco, 2017. "Government purchases reloaded: Informational insufficiency and heterogeneity in fiscal VARs", Journal of Monetary Economics, Volume 90, pp. 13 –27.

[109] Erceg, C. and J. Linde, 2014. "Is there a fiscal free lunch in a liquidity trap?" Journal of the European Economic Association, 12 (1), pp. 73 –107.

[110] Eusepi, S. and B. Preston, 2018. Fiscal foundations of inflation: imperfect knowledge. American Economic Review, Vol. 108 (9), 2551 –2589.

[111] Farhi, Emmanuel and Iván Werning, 2016. "Fiscal multipliers: liquidity traps and currency unions." In Handbook of Macroeconomics, eds. John B. Taylor and Harald Uhlig. Vol. 2, 2417 –2492. Amsterdam: Elsevier.

[112] Fernald, J., 1999. "Roads to Prosperity? Assessing the Link between Public Capital and Productivity", American Economic Review, 89 (3), pp. 619 –638.

[113] Forni, M. and L. Gambetti, 2014. "Sufficient information in structural VARs," Journal of Monetary Economics, 66, pp. 124 –136.

[114] Friedman, M., 1968. The role of monetary policy. American Eco-

nomic Review, Vol. 58 (1), 1 – 17.

[115] Furman, Jason and Lawrence H. Summers, 2020. A Reconsideration of Fiscal Policy in the Era of Low Interest Rates. November 30.

[116] Pereira, A. M. and Flores De Frutos, R., 1999. Public capital accumulation and private sector performance, Journal of Urban Economics, 46, pp. 300 – 322.

[117] Fujita, S. and G. Moscarini, 2017. Recall unemployment. American Economic Review, Vol. 107 (12), 3875 – 3916.

[118] Galií, Jordi, J. David Loópez – Salido and Javier Valleés, 2007. "Understanding the Effects of Government Spending on Consumption." Journal of the European Economic Association, 5 (1): 227 – 70.

[119] Giannone, Domenico, Lenza, Michele, Primiceri, Giorgio E., 2015. Prior selection for vector autoregressions. Review of Economic Statistics. 97, 436 – 451.

[120] Gordon, Robert J. and Robert Krenn, 2017. "The end of the Great Depression: VAR insight on the roles of monetary and fiscal policy." mimeo. Northwestern University.

[121] Guo, Gang, 2009. "China's local political budget cycles." American Journal of Political Science, 53, 621 – 632.

[122] Guo, Qingwang, Chang Liu and Guangrong Ma, 2016. "How large is the local fiscal multiplier? Evidence from Chinese counties." Journal of Comparative Economics, 44, 343 – 352.

[123] Guerrieri, V., G. Lorenzoni, L. Straub and I. Werning, 2020. Macroeconomic implications of COVID – 19: can negative supply shocks cause demand shortages? NBER WP26918.

[124] Hagedorn, M., 2018. A demand theory of the price level. Mimeo.

[125] Hagedorn, M. and K. Mitman, 2020. Corona policy according to HANK. CEPR DP14694.

[126] Hall, G. and T. Sargent, 2011. Interest rate risk and other determinants of post – WWII US government debt/GDP dynamics. American Economic Journal: Macroeconomics, Vol. 3 (3), 192 – 214.

[127] Hanson S., J. Stein, A. Sunderam and E. Zwick, 2020. An evalu-

ation of the Fed – Treasury credit programs. Mimeo.

[128] Jacobson, M., E. Leeper and B. Preston, 2019. The recovery of 1933. NBER WP25629.

[129] Jalil A. and G. Rua, 2016. Inflation expectations and recovery in spring 1933. Explorations in Economic History, Vol. 62, 26 – 50.

[130] Jordà, Òscar, 2005. Estimation and inference of impulse responses by local projections. American Economic Review, 95, 161 – 182.

[131] Marcus Hagedorn & Iourii Manovskii & Kurt Mitman, 2019. "The Fiscal Multiplier", NBER Working Papers 25571, National Bureau of Economic Research, Inc.

[132] Higgins, P. and T. Zha, 2015. "China's macroeconomic time series: methods and implications", Mimeo.

[133] Holz, C., 2020. "Understanding PRC investment statistics", China Economic Review, forthcoming.

[134] Huang, Y., M. Pagano and U. Panizza, 2020. "Local Crowding – Out in China", The Journal of Finance.

[135] Kaplan, Greg and Giovanni L. Violante, 2014. "A Model of the Consumption Response to Fiscal Stimulus Payments", Econometrica 82 (4), 1199 – 1239.

[136] Kaplan, G., B. Moll and G. Violante, 2018. "Monetary Policy According to HANK", American Economic Review.

[137] Raju Huidrom, M. Ayhan Kose, Jamus J. Lim, Franziska L. Ohnsorge, 2020. "Why do fiscal multipliers depend on fiscal Positions?" Journal of Monetary Economics, 114, pp. 109 – 125.

[138] IMF, 2019. "People's Republic of China: 2019 Article IV consultation."

[139] Ilzetzki, Ethan, Enrique G. Mendoza and Carlos A. Vegh, 2013. "How Big (Small?) Are Fiscal Multipliers?" Journal of Monetary Economics 60 (2): 239 – 54.

[140] Izquierdo, A., R. Lama, J. Medina, J. Puig, D. Riera – Crichton, C. Vegh and G. Vuletin., 2019. "Is the public investment multiplier higher in developing countries? An empirical exploration", IMF Working Pa-

per, No. 19/289.

[141] Jia, Ruixue, Masayuki Kudamatsu and David Seim, 2015. "Political selection in China: The complementary roles of connections and performance." Journal of the European Economic Association, 13, 631 – 668.

[142] Jiang, S., J. Miao and Y. Zhang, 2019. "China's Housing Bubble, Infrastructure Investment and Economic Growth", Mimeo.

[143] Leeper, E. and Leith, 2016. Understanding inflation as a joint monetary-fiscal phenomenon. In Handbook of Macroeconomics. Vol. 2, 2305 – 2415.

[144] Leff Yaffe, Daniel, 2020. "The Interstate Multiplier." UCSD manuscript.

[145] Marcet, A. and T. Sargent, 1989. Convergence of least squares learning mechanisms in self-referential linear stochastic models. Journal of Economic Theory, Vol. 48 (2), 337 – 368.

[146] Mian, A., L. Straub and A. Sufi, 2020. Indebted demand. NBER WP 26940.

[147] Lardy, Nicholas R., 1978. Economic Growth and Income Distribution in the People's Republic of China. Cambridge and New York: Cambridge University Press.

[148] Leduc, Sylvain and Daniel Wilson, 2013. "Roads to Prosperity or Bridges to Nowhere? Theory and Evidence on the Impact of Public Infrastructure Investment." NBER Macroeconomics Annual 27 (1): 89 – 142.

[149] Leeper, E. M., T. B. Walker and S. S. Yang, 2010. "Government investment and fiscal stimulus", Journal of Monetary Economics, 57, pp. 1000 – 1012.

[150] Leeper, Eric M., Nora Traum and Todd B. Walker, 2017. "Clearing up the fiscal multiplier morass." American Economic Review, 107 (8): 2409 – 2454.

[151] Leeper, E. M., T. B. Walker and S. S. Yang, 2013. "Fiscal foresight and information flows", Econometrica, 81, pp. 1115 – 1145.

[152] Li, Hongbin and Li – An Zhou, 2005. "Political turnover and economic performance: the incentive role of personnel control in china." Journal of

Public Economics, 89, 1743 – 1762.

[153] Lin, Justin Yifu and Zhiqiang Liu, 2000. "Fiscal Decentralization and Economic Growth in China." Economic Development and Cultural Change, Vol. 49, No. 1, pp. 1 – 21.

[154] Mertens, Karel R. S. M., Morten O. Ravn, 2014. "Fiscal Policy in an Expectations – Driven Liquidity Trap", The Review of Economic Studies, Volume 81, Issue 4, pp. 1637 – 1667.

[155] Michaillat, Pascal, 2014. "A Theory of Countercyclical Government Multiplier." American Economic Journal: Macroeconomics, 6 (1), 190 – 217.

[156] Michaillat, Pascal, Emmanuel Saez, 2019. Optimal Public Expenditure with Inefficient Unemployment, The Review of Economic Studies, Volume 86, Issue 3, pp. 1301 – 1331.

[157] Mittnik, S. and W. Semmler, 2012. "Regime dependence of the fiscal multiplier", Journal of Economic Behavior and Organization, 83 (3), pp. 502 – 522.

[158] Miyamoto, Wataru, Nguyen, Thuy Lan, Sergeyev, Dmitriy, 2018. Government spending multipliers under the zero lower bound: evidence from Japan. American Economic Journal: Macroeconomics, 10, 247 – 277.

[159] Mountford, A. and Uhlig, H., 2009. What are the effects of fiscal policy shocks? Journal of Applied Econometrics, Vol. 24, pp. 960 – 992.

[160] Munnell, A. H., 1990. Why Has Productivity Growth Declined? Productivity and Public Investment. New England Economic Journal, 4 – 22.

[161] Nakamura, Emi and Jón Steinsson, 2014. "Fiscal stimulus in a monetary union: Evidence from US regions." American Economic Review, 104, 753 – 792.

[162] Nickel, C. and A. Tudyka, 2014. "Fiscal stimulus in times of high debt: reconsidering multipliers and twin deficits", Journal of Money, Credit and Banking, 46 (7), pp. 1313 – 1344.

[163] Nordhaus, William D., 1975. The political business cycle. The Review of Economic Studies, 42, 169 – 190.

[164] Ramey, V. A., 2011a. "Identifying Government Spending Shocks:

It's All in the Timing", Quarterly Journal of Economics, 126 (1), pp. 1 –50.

[165] Ramey, Valerie A., 2011b. "Can Government Purchases Stimulate the Economy?" Journal of Economic Literature, 49 (3), 673 –685.

[166] Ramey, Valerie A., 2019. "Ten Years after the Financial Crisis: What Have We Learned from the Renaissance in Fiscal Research?" Journal of Economic Perspectives, 33 (2): 89 –114.

[167] Ramey, V. A., 2020. "The macroeconomic consequences of infrastructure investment", NBER Working Paper, No. 27625.

[168] Ramey, V. A. and S. Zubairy, 2018. "Government spending multipliers in good times and bad: Evidence from US historical data", Journal of Political Economy, 126, pp. 850 –901.

[169] Ravn, Morten O., Uhlig, Harald, 2002. On adjusting the hodrick-prescott filter for the frequency of observations. Rev. Econ. Stat. 84, 371 – 376.

[170] Redding, Stephen J. and Matthew Turner, 2015. "Transportation Costs and the Spatial Organization of Economic Activity." In Handbook of Regional and Urban Economics, edited Gilles Duranton, J. Vernon Henderson and William C. Strange, 1339 –98. Amsterdam: Elsevier.

[171] Reis, R., 2019. Central bank going long. In A. Aguire, M. Brunnermeier and D. Saravia (eds.), Monetary Policy and Financial Stability: Transmission Mechanisms and Policy Implications, Central Bank of Chile, 43 – 81.

[172] Riera – Crichton, D., C. A. Vegh and G. Vuletin, 2015. "Procyclical and countercyclical fiscal multipliers: evidence from OECD countries", Journal of International Money and Finance, 52 (C), pp. 15 –31.

[173] Rogoff, Kenneth, 1990. "Equilibrium political budget cycles." American Economic Review, 80, pp. 21 –36.

[174] Sargent, T., 1982. The ends of four big inflations. In R. Hall (Ed.), Inflation: Causes and Effects, University of Chicago Press, 40 –109.

[175] Sargent, T., 2013. Letter to Another Brazilian finance minister. Republished in Rational Expectations and Inflation, 3rd edition. Princeton University Press.

[176] Sargent, T. and N. Wallace, 1981. Some unpleasant monetarist arithmetic. Federal Reserve Bank of Minneapolis Quarterly Review, Vol. 5 (3), 1-17.

[177] Shen, Chunli, Jin, Jing, Zou, Heng fu, 2012. Fiscal decentralization in China: history, impact, challenges and next steps. Ann. Econ. Finance. 13, 1-51.

[178] Sims, Eric and Jonathan Wolff, 2018a. "The Output and Welfare Effects of Government Spending Shocks over the Business Cycle." International Economic Review 59 (3): 1403-1435.

[179] Shoag, Daniel, 2015. "The Impact of Government Spending Shocks: Evidence on the Multiplier from State Pension Plan Returns." Working paper.

[180] Spiegelhalter, D. J., N. G. Best, B. P. Carlin and A. Linde, 2002. "Bayesian measures of model complexity and fit", Journal of the Royal Statistical Society: Series B (Statistical Methodology), 64, pp. 583-639.

[181] Stock, J., 2020. "Climate change, climate policy and economic growth", NBER Macroeconomics Annual 2019, pp. 399-419.

[182] Stroebel, Johannes and Joseph Vavra, 2019. "House Prices, Local Demand and Retail Prices", Journal of Political Economy, 127: 3, 1391-1436.

[183] Wei Xiong, 2018. "The mandarin model of growth", NBER Working Papers 25296, National Bureau of Economic Research, Inc.

[184] Wong, Christine, Christopher Heady and Wing T. Woo, 1995. Fiscal Management and Economic Reform in the People's Republic of China. Oxford and New York: Oxford University Press.

[185] Wong, Christine, 2000. Central-local relations revisited: the 1994 tax sharing reform and public expenditure management in China. prepared for the international conference on "Central - Periphery Relations in China: Integration, Disintegration or Reshaping of an Empire?" Chinese University of Hong Kong.

[186] Woodford, Michael, 2011. "Simple Analytics of the Government Expenditure Multiplier." American Economic Journal: Macroeconomics, 3 (1): 1-35.

[187] Wu, C. and F. Xia, 2016. Measuring the macroeconomic impact of monetary policy at the zero lower bound. Journal of Money, Credit and Banking, Vol. 48, 253 –291.

[188] Xu, Chenggang, 2011. "The fundamental institutions of China's reforms and development." Journal of Economic Literature, 49, 1076 –1151.

[189] Zeev, Ben, Nadav and Evi Pappa, 2017. "Chronicle of a War Foretold: The Macroeconomic Effects of Anticipated Defence Spending Shocks." The Economic Journal , 127 (603): 1568 –1597.

[190] Zhang, Wen, Zhang, Yangyang, Zheng, Xinye and Zhang, Li, 2019. "China's fiscal multiplier and its state dependence" . The Manchester School, 87, 205 –227.

[191] Zhang, Y. and S. Barnett, 2014. "Fiscal vulnerabilities and risks from local government finance in China", IMF Working Paper, 14/4.

[192] Zhang, Z. and Y. Xiong, 2020. "Infrastructure Financing", The Handbook of China's Financial System, edited by Marlene Amstad, Guofeng, Sun and Wei Xiong.

[193] Zubairy, Sarah, 2014. "On Fiscal Multipliers: Estimates from a Medium Scale DSGE Model." International Economic Review 55 (1): 169 –195.